图解 汽车构造与原理

彩色大图版

于海东 主编

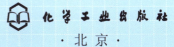

化学工业出版社

·北京·

图书在版编目（CIP）数据

图解汽车构造与原理/于海东主编. —北京：化学工业出版社，2018.1
ISBN 978-7-122-30883-2

Ⅰ.①图… Ⅱ.①于… Ⅲ.①汽车-构造-图解
Ⅳ.①U463-64

中国版本图书馆CIP数据核字（2017）第261799号

责任编辑：周　红　　　　　　　　　　　装帧设计：王晓宇
责任校对：王　静

出版发行：化学工业出版社（北京市东城区青年湖南街13号　邮政编码100011）
印　　装：北京画中画印刷有限公司
787mm×1092mm　1/16　印张16¼　字数382千字　2018年1月北京第1版第1次印刷

购书咨询：010-64518888（传真：010-64519686）　售后服务：010-64518899
网　　址：http://www.cip.com.cn
凡购买本书，如有缺损质量问题，本社销售中心负责调换。

定　价：88.00元　　　　　　　　　　　　　　　　　　　　　　　版权所有　违者必究

TUJIE QICHE GOUZAO YU YUANLI

FOREWORD 前言

图解汽车构造与原理

在汽车发展的进程中，技术的飞速突破为其带来了更多可能，除了速度界限被不断突破，在实用、科技层面的变革也随着一波又一波的信息革命不断进化。从最初解决出行、载物的基本需求，到后来舒适化、自动化程度的提高，以及目前智能化配置的大量使用，汽车都给人们带来了更多的享受。与此同时，日益严重的环境问题以及各国制定的严格的排放法规也不断推动发动机技术的发展。汽车工业发展变化从未如此迅猛。伴随新能源、人工智能等新技术集群爆发，全球汽车行业驶入传统能源与新能源分道而治的分水岭。

《轻型汽车污染物排放限值及测量方法（中国第六阶段）》即轻型车"国六标准"，设置国六a和国六b两个排放限值方案，将分别于2020年7月1日和2023年7月1日实施。国六标准是目前世界上最严格的排放标准之一。

汽车已经融入我们的生活，成为日常中不可缺少的一部分。不过，随着全球产业生态的重构，许多国家纷纷调整发展战略，在新能源、智能网联方面加快产业布局。目前我国工信部也启动了相关研究，制定停止生产销售传统能源汽车的时间表。禁售燃油车俨然成了最热门的话题，新能源汽车势必将走进我们的生活中。

本书使用三分之二的篇幅采用图解的形式详细介绍了目前汽车上常见的新技术、新结构。发动机部分介绍了宝马i8超级混合动力跑车上使用的三缸顶级发动机、宝马最新的直列六缸发动机以及保时捷、斯巴鲁水平对置发动机和马自达转子发动机。同时还详细介绍了发动机可变正时技术、可调式机油泵、发动机燃油双喷射、机械增压器等新技术、新结构内容。底盘部分主要介绍了空气悬架、宝马7系G11/G12主动转向系统、宝马7系G11/G12 Executive Drive Pro（主动防侧倾）等。辅助系统可以帮助驾驶员更安全、舒适地驾驶汽车，在此部分介绍了宝马、辉昂等高端车型上安装的前部预防碰撞系统、车道保持系统、交通拥堵辅助系统、盲点监测系统、疲劳检测系统、遥控驻车等系统。

  本书的最后三分之一篇幅为新能源汽车内容，同样采用图解的方式介绍了目前常见的宝马、奔驰、奥迪混合动力车型以及高端的宝马i8超级混合动力跑车、宝马i3增程式电动车的大小三电系统（大三电：动力电池、驱动电动机、动力控制系统；小三电：电动空调压缩机、电动制动系统、电动转向系统）。旨在让读者通过此部分更好地了解新能源汽车，更好地接受新能源汽车。

  本书的特点以彩色高清大图为主，配以简练的画龙点睛式的文字描述，让读者更加清晰地理解图片包含的信息。本书适合各汽车职业院校（包含新能源专业）在校师生以及汽车行业维修、销售从业人员学习培训使用，同时也适合广大汽车爱好者、汽车驾驶员等阅读。

  本书由于海东主编，参加编写的还有邓家明、廖苏旦、罗文添、邓晓蓉、陈海波、刘青山、杨廷银、王世根、张捷辉、谭强、谭敦才、李杰、于梦莎、邓冬梅、邢磊、廖锦胜、李颖欣、李娟、曾伟、黄峰、何伯中、李德峰、杨莉、李凡。

  由于我们水平有限，加之时间仓促，书中难免存在不足之处，敬请广大读者朋友批评指正。

编　者

目录 CONTENTS

第1章 概述

第2章 汽车发动机新技术、新结构

2.1 发动机构造 ／006

 2.1.1 宝马i8 B38三缸顶级发动机 ／006

 2.1.2 宝马新款B58直列六缸（L6）发动机 ／014

 2.1.3 V型6缸、V型8缸发动机构造图 ／019

 2.1.4 水平对置发动机 ／021

 2.1.5 转子发动机 ／027

2.2 可变气门技术 ／029

 2.2.1 宝马可变气门（Valvetronic）技术 ／029

 2.2.2 大众、奥迪可变气门升程（AVS）／031

 2.2.3 本田i-VTEC可变气门技术 ／035

2.3 可调节式润滑系统 ／036

 2.3.1 润滑系统剖视图 ／036

 2.3.2 工作原理 ／037

2.4 发动机燃油系统双喷射 ／039

 2.4.1 EA837双喷射 ／039

 2.4.2 EA888双喷射 ／041

2.5 增压进气系统 ／042

 2.5.1 废气涡轮增压进气系统 ／042

 2.5.2 机械增压 ／044

目录

第3章　汽车传动系统新技术

3.1　2017款奥迪A4L新型6速手动变速器／050

3.2　行星齿轮式自动变速器／054

3.3　双离合器自动变速器／056

3.4　差速器／066

　　3.4.1　大众车系第四代四轮驱动耦合器／066

　　3.4.2　大众车系全新第五代四轮驱动离合器／070

　　3.4.3　奥迪车系运动型差速器／072

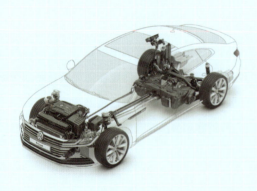

第4章　汽车底盘新技术

4.1　空气悬架／080

4.2　电动机械转向系统（电控助力转向）／088

　　4.2.1　基本原理／088

　　4.2.2　奥迪A7电动机械式转向系统／095

4.3　主动转向系统／098

4.4　Executive Drive Pro（主动防侧倾）／102

4.5　轮胎失压识别系统／105

　　4.5.1　轮胎失压显示RPA系统／105

　　4.5.2　轮胎失压监控系统／106

第5章　汽车电气系统新技术

5.1　独立空调／110

5.2　LED大灯／114

5.3　随动大灯／115

5.4　远光灯辅助系统／119

目录 CONTENTS

第6章　汽车被动安全系统新技术

6.1　SRS被动安全系统 / 124
　　6.1.1　系统组成图 / 124
　　6.1.2　传感器 / 126
6.2　Audi pre sense预碰撞安全系统 / 129

第7章　汽车辅助系统新技术

7.1　前部预防碰撞系统Front Assist / 134
7.2　预碰撞安全系统 / 135
7.3　车道保持辅助系统 / 136
7.4　交通拥堵辅助系统 / 137
7.5　盲点监测系统（含后方交通预警功能）/ 137
7.6　自动泊车辅助系统 / 138
7.7　疲劳监测系统 / 139
7.8　DLA智能动态大灯辅助系统 / 140
7.9　宝马G11/G12（新款宝马7系）遥控驻车系统 / 142
　　7.9.1　简介 / 142
　　7.9.2　驻车过程 / 144

第8章　轻量化车身与折叠车顶

8.1　轻量化车身（宝马F18）/ 150
8.2　折叠车顶（宝马车系）/ 152
　　8.2.1　3系E93硬顶折叠敞篷车 / 152
　　8.2.2　F12（6系硬顶敞篷跑车）/ 156

目录 CONTENTS

第9章　新能源汽车

9.1　混合动力技术 / 162
9.2　奥迪Q5混合动力 / 168
　9.2.1　奥迪Q5系统组成 / 168
　9.2.2　功率表 / 170
　9.2.3　高压蓄电池及其冷却 / 170
　9.2.4　电驱动装置的电动机 / 172
　9.2.5　混合动力车系空调系统 / 176
　9.2.6　高压系统 / 177
　9.2.7　12V车载电网系统 / 183

9.3　奔驰混合动力汽车 / 184
　9.3.1　系统组成 / 184
　9.3.2　工作模式 / 185
　9.3.3　驱动电动机 / 186
　9.3.4　高压蓄电池 / 190
　9.3.5　电力电子模块 / 192
9.4　宝马i8超级混合动力跑车 / 194
　9.4.1　概览 / 194
　9.4.2　电驱动装置 / 197
　9.4.3　运行策略 / 203
　9.4.4　高压蓄电池 / 206
　9.4.5　电动机电子装置 / 216
　9.4.6　空调压缩机 / 218
　9.4.7　空调电加热系统 / 220
　9.4.8　高压启动发电机 / 222
　9.4.9　12V低压供电系统 / 227
9.5　宝马i3增程电动车 / 229
　9.5.1　概述 / 229
　9.5.2　动力电机及增程系统 / 230
9.6　宝马F18 530Le混合动力汽车 / 243
　9.6.1　概述 / 243
　9.6.2　驱动系统组件 / 243
　9.6.3　高压蓄电池 / 249
　9.6.4　电动空调系统 / 251

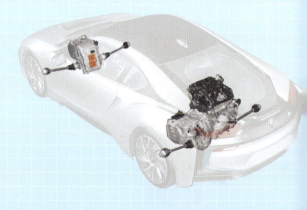

第1章
概述

随着人们对汽车节能、舒适、安全等方面的需求越来越高,汽车中出现了众多的新兴技术。汽车厂家采用这些新技术的目的便是为了满足人们对汽车的节能、环保、舒适、安全等方面日益增加的需求。汽车采用的新技术大体如下表所示。

汽车采用的新技术

发动机	燃油喷射新技术	缸内直喷是直接将燃油喷射进气缸;双喷射系统是缸内直喷和歧管喷射同时进行
	燃烧新技术	均质燃烧、分层燃烧、稀薄燃烧
	增压技术	涡轮增压:废气推动压气机涡轮,带动泵轮将新鲜空气加压推进气缸 机械增压:增压器与曲轴或平衡轴连接,不需要用到废气
	可变正时气门技术	在特定的发动机工况下通过控制进气门开启角度的提前和延迟来调节气缸的进排气量
	可变压缩比技术	装配涡轮增压气的发动机,在增压压力低的低负荷工况下提高压缩比,在高增压的高负荷工况下适当降低压缩比,以避免爆震的发生
	可变气缸技术	在V6/V8/W12等大型发动机中根据当前道路情况、发动机负荷和加速踏板角度等对发动机气缸状态进行调整,不需要大功率输出时关闭部分气缸
	自动启停技术	汽车行驶过程中临时停车时(等红绿灯、堵车),发动机自动熄火,需要继续前行时自动启动发动机
主动安全	防抱死制动系统(ABS)	紧急制动时车轮不抱死,前轮依然具有转向能力
	电子制动力分配(EBD)	在制动时控制制动力在各个车轮之间的分配,更好地利用车路附着系数,提高汽车制动稳定性和操纵性
	驱动防滑(ASR)	在汽车起步、加速、转弯过程中防止车轮发生过度滑转,是汽车在驱动过程中保持方向的稳定性和转向操纵的能力,也称牵引力控制系统(TRC)
	电子稳定控制(ESP)	保持汽车在极限工况下的行驶稳定性,防止汽车侧滑、操纵失控,对高速行驶的汽车改善更为明显。大众称之为电子车身稳定系统(ESP);本田称之为稳定辅助系统(VSA);丰田称之为车辆稳定控制系统(VSC);日产称之为车辆动态控制系统(VDC);宝马称之为动态稳定控制系统(DSC)
	自适应巡航(ACC)	通过雷达等传感器检测汽车前方道路情况,发现当前形式下车道前方有其他车辆,检测与其之间的距离等信息,控制汽车加速和制动,使本车与前车保持安全车距
	轮胎气压监测(TPMS)	实时对车辆轮胎压力进行监控,并提醒驾驶员

续表

主动安全	自动制动系统（AEB）	探测预知潜在的碰撞危险并及时通知驾驶员，必要时自动控制制动踏板完成车辆制动，以避免或减轻碰撞
	车道偏离警告（LDWS）	驾驶员无意识（未开转向灯）偏离车道时，能在车道偏离前发出警报，为驾驶员提供更多的反应时间
	车道保持辅助（LKA）	在车道偏离警告系统的基础上对转向系统进行干预（自动偏转方向盘），使汽车保持在车道内行驶。驾驶员可以随时取消自动干预转向
	汽车夜视系统	利用红外技术辅助驾驶员在夜间看清道路、行人和障碍物。可在车载显示屏或电子仪表上显示前方道路情况
	自适应照明系统（AFS）	能适应不同环境条件的智能前照灯系统，如转弯时光线随转弯方向偏转；对向车道来车时一侧远光灯自动变为近光灯，会车结束后自动再切换到远光灯等
	驾驶员疲劳检测	一旦驾驶员精神状态下滑或进入浅层睡眠，系统会根据驾驶员精神状态指数分别给出语音提示、震动提醒、电脉冲警示，警告驾驶员已经进入疲劳状态，需要休息
	自动泊车技术（PA）	利用车载传感器探测有效泊车空间并协助控制车辆完成泊车
被动安全	智能安全气囊	根据碰撞强度、类型、成员类型、乘坐姿势、成员约束等情况实时控制气体发生器的能力、排泄空卸载能力、安全气囊点火时间等参数，根据成员位置调整打开气囊的力度
	智能安全带	具有疲劳检查和无压迫感的智能安全带
	吸能车身	发生碰撞时车身能按照预先设计的方向逐渐变形直至停车，尽量减小传递到乘客舱和乘客身体的冲击，减小乘客舱的变形，保障车内乘客安全
新能源和无人驾驶汽车	纯电动汽车	采用单一蓄电池作为储能动力源的汽车，利用蓄电池作为储能动力源，通过电池向驱动电动机提供电能驱动电动机运转，推动汽车行驶
	增程电动汽车	安装有增程发动机和增程发电机。发动机不参与动力传递，只是带动增程发电机发电，为高压蓄电池充电
	混合动力汽车	在传统燃料汽车的基础上增加电动机、高压蓄电池、电机电子装置而成，电动机与发动机共同驱动车辆。电动机驱动车轮的时候作为驱动电动机，不驱动车轮的时候作为发电机为高压蓄电池充电
	燃料电池电动汽车	采用燃料电池作为电源的电动汽车
	无人驾驶汽车	通过车载传感器系统感知道路环境，自动规划行车路线并控制车辆到达预定目标的智能汽车。无人驾驶汽车技术是传感器、计算机、人工智能、通信、导航定位、模式识别、机器监控、智能控制等多种技术的前沿综合体，是汽车智能化的终极目标

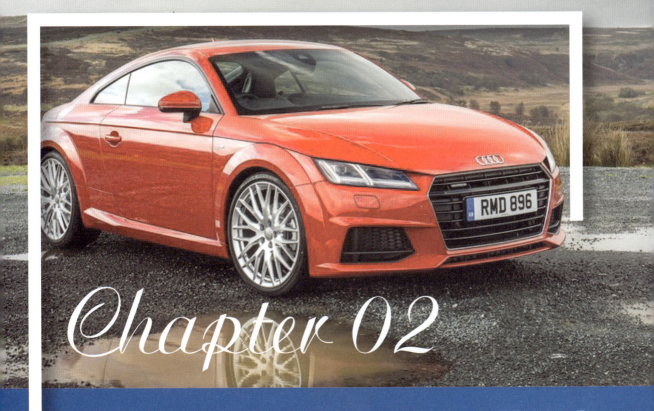

Chapter 02

第 2 章
汽车发动机新技术、新结构

- 2.1 发动机构造
- 2.2 可变气门技术
- 2.3 可调节式润滑系统
- 2.4 发动机燃油系统双喷射
- 2.5 增压进气系统

2.1 发动机构造

2.1.1 宝马i8 B38三缸顶级发动机

宝马i8采用了全新开发的驱动装置。这种创新型驱动方案在车上组合使用了两种高效的驱动装置。由一个高效的三缸汽油发动机配合一个6挡自动变速箱进行后桥驱动；由一个电机配合一个2挡手动变速箱进行前桥驱动。两个驱动装置的巧妙配合使得i8同时兼具了跑车的动力性能和紧凑型轿车的效率。图2-1-1所示为宝马i8搭载三缸顶级发动机和6速自动变速器的后桥剖视图。

图2-1-1 宝马i8后桥剖视图

这台三缸发动机是宝马新研发的涡轮增压缸内直喷双可变正时顶级发动机，排量达到1.5L。具体参数如表2-1-1所示，宝马发动机基本型号解析如表2-1-2所示。

表2-1-1 宝马i8三缸发动机参数

类型	参数	单位
型号	B38K15T0	—
排量	1499	cm^2
缸径/行程	94.6/82	mm
功率/对应转速	170/5800	kW/(r/min)
转矩/对应转速	320/3700	N·m/(r/min)
压缩比	9.5：1	—

表2-1-2 宝马发动机基本型号解析

B38K15T0发动机外观如图2-1-2所示。此发动机是在之前的B38发动机的基础上改进而来。主要变化如下。

图2-1-2　B38K15T0发动机外观

（1）发动机机械结构

① 针对机械冷却液泵的端面安装位置对曲轴箱进行了相应调整。这样做与安装空间有关，因为高电压启动发电机和进气装置需要更多空间。

② 主轴承和连杆轴承的直径增大至50mm。

③ 采用重力铸造方式制造气缸盖。这样可确保气缸盖密度更高，从而更加稳固。

④ 排气门的气门杆直径增大至6mm。这样可防止气门重叠时因增压压力较高产生的气门振动。

（2）机油供给系统

① 由于通过电动真空泵执行集成式机械真空泵的功能，因此机油泵减轻了1kg。

② 在油底壳前侧连接稳定杆连杆。

（3）皮带传动机构

① 采用全新开发的皮带传动机构。通过一个高电压启动发电机来启动内燃机，如图2-1-3所示。取消了小齿轮起动机，即不再使用传统起动机。

图2-1-3 高电压启动发电机位置

② 由于皮带传动机构内的作用力较大，因此加强了机械冷却液泵壳体内的驱动轴轴承。

③ 取消了皮带传动机构内的制冷剂压缩机。在此用电机上的一个电动制冷剂压缩机来替代。

④ 采用全新开发的皮带张紧器。

⑤ 多楔带由六肋增至八肋。

⑥ 经过调整的减振器带有分离式皮带轮。

（4）进气和排气系统

① 双管式未过滤空气进气装置可由一个执行机构根据情况进行接通。

② 首次采用了水冷式节气门。

③ 通过一个集成在进气装置内的间接增压空气冷却器冷却增压空气。

④ 废气涡轮增压器的涡轮壳体集成在钢制歧管内。

⑤ 通过改变涡轮几何结构达到最高1.5bar（1bar=0.1MPa）增压压力并通过一个电动废气旁通阀进行控制。

⑥ 通过轴承座冷却废气涡轮增压器。

B38K15T0发动机缸体组件如图2-1-4所示，平衡轴组件示图如图2-1-5所示，曲柄连杆机构如图2-1-6所示，配气机构如图2-1-7所示，冷却系统如图2-1-8所示，涡轮增压进气系统如图2-1-9所示，燃油供给系统如图2-1-10所示。

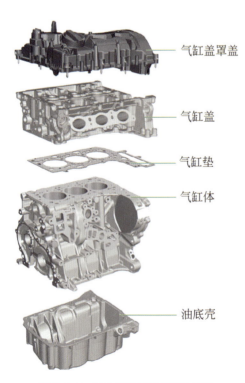

图2-1-4 B38K15T0发动机缸体组件

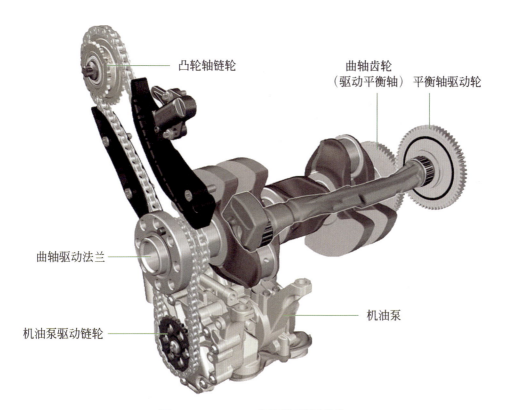

图2-1-5　B38K15T0发动机平衡轴组件

图2-1-6　B38K15T0发动机曲柄连杆机构

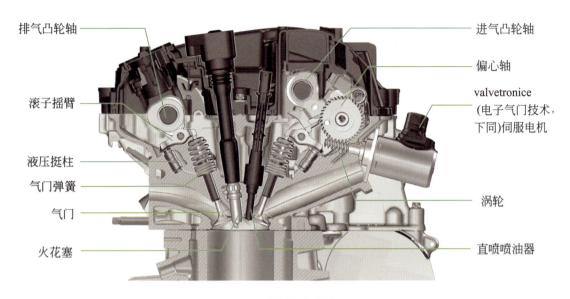

(a) 配气机构总体图

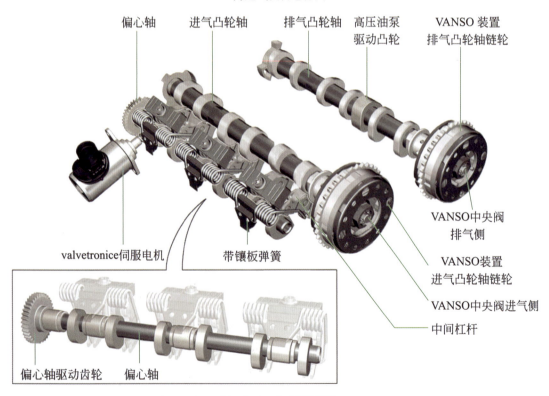

(b) valvetronice 系统组件

图 2-1-7　B38K15T0 发动机配气机构

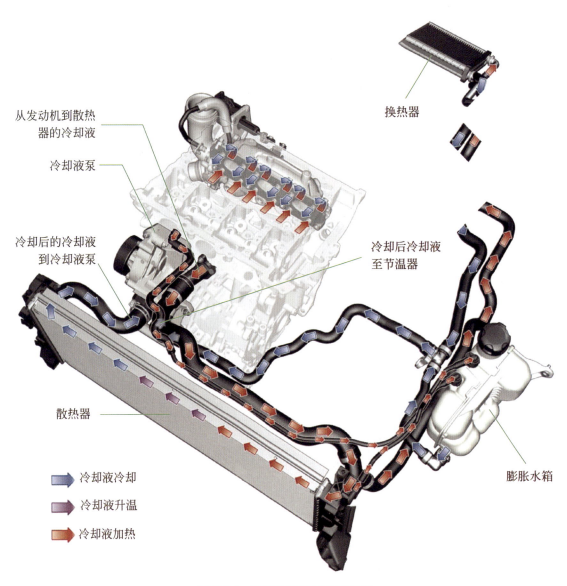

图2-1-8　B38K15T0发动机冷却系统

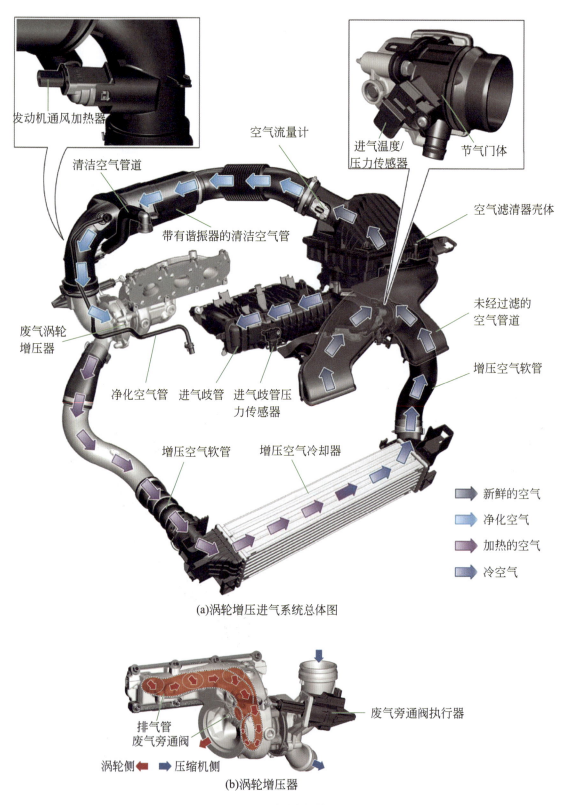

(a) 涡轮增压进气系统总体图

(b) 涡轮增压器

图2-1-9 B38K15T0发动机涡轮增压进气系统

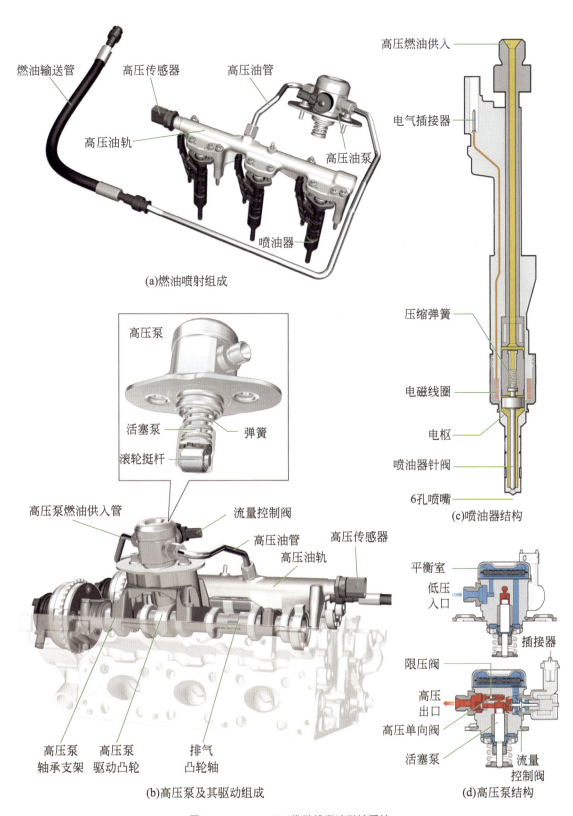

图 2-1-10　B38K15T0 发动机燃油供给系统

2.1.2 宝马新款B58直列六缸（L6）发动机

宝马新一代直列六缸发动机的代号为B58（以下简称B58），在2013年之后由原先的"N"字头改成了"B"字头，"5"和"8"分别代表了直列六缸和汽油机的含义，并开创了宝马发动机模块化开发的理念。新的B58发动机于2015年首先在进口宝马3系340i和340ixDrive上使用。

宝马B58发动机有两大质的飞跃：一是，采用了封闭式水道缸体，跟开放式水道的N54/55相比是天壤之别；二是，涡轮增压的中冷改用水冷方式，而N54/55采用的是风冷。B58发动机还缩小了缸径，增长了活塞行程。宝马B58发动机外观如图2-1-11所示。

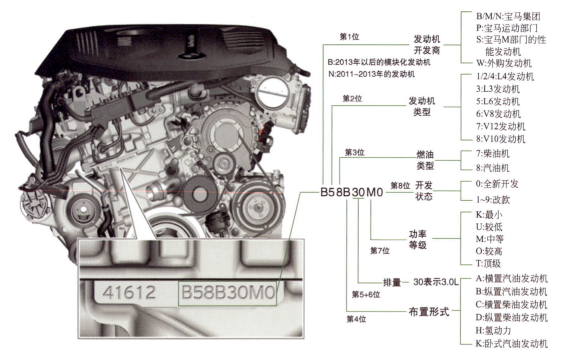

图2-1-11　B58发动机外观及发动机型号释义

直列六缸发动机的优点如下。

（1）超强的平顺性

直列六缸发动机的点火顺序为1-5-3-6-2-4或者1-4-2-6-3-5，这样设置的目的是为了中间对称的两个气缸的运动步调是一致的，这就抑制了直列发动机的"翘板式"振动。另外，由六个气缸两两一组，三组气缸的配气相位正好相差120°，从而在曲轴旋转的任意时刻，活塞的往复惯性力在各个方向上一直是处于相互抵消的状态，因此，直列六缸发动机不需要加装平衡轴。

（2）有利于发动机和变速器的纵向布置

对于以纵置发动机为主的宝马车型来说，较长的发动机带来的并不只是占用车内空间方面的负面影响，纵向布置的直列六缸发动机伸向前轴之后的部分更多，这在一定程度上也优化前、后轴的配重，提升整车的操控稳定性。

（3）减少一个气缸盖

相比V6发动机，由于直列六缸发动机的六个气缸站成了一排，所以只需要一个气缸盖。对于采用双顶置式凸轮轴（DOHC）的发动机就意味着省去了两根凸轮轴。这一方面缩减了零部件的数量，减轻了重量，也简化了发动机结构；另一方面也减少了因多一套配气机构而带来的功率损失。

B58发动机封闭式气缸体组件如图2-1-12所示，曲柄连杆机构如图2-1-13所示，冷却系统如图2-1-14所示，增压进气系统及涡轮增压器如图2-1-15所示。

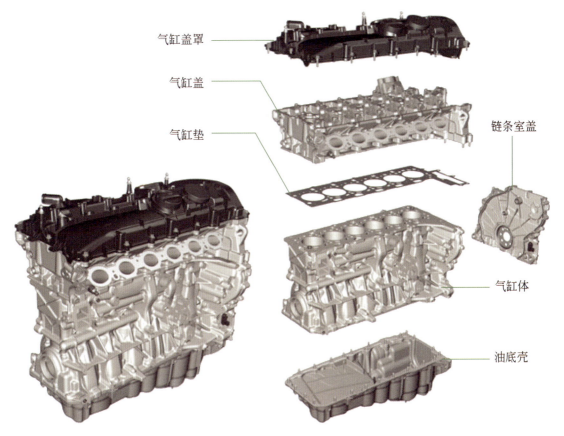

图2-1-12　B58发动机封闭式气缸体组件

B58发动机封闭式气缸体，更适合高负荷和高压工作，发动机整体功率得以提升，采用专用热管理模块达到更好的散热效果。同时B58发动机不只是气缸尺寸发生了变化，在气缸壁的处理工艺上也做出了改进。目前大多数厂家都是采用等离子热喷涂技术，在气缸壁上喷涂合金碳化物或者其他复合材料来提高气缸壁的耐磨性和热传导性。B58采用了电弧喷涂方式，相比之下它的工艺难度更高，但效果更好，能够使气缸壁拥有良好的耐磨性，并且一定程度能减少摩擦带来的功率损失。

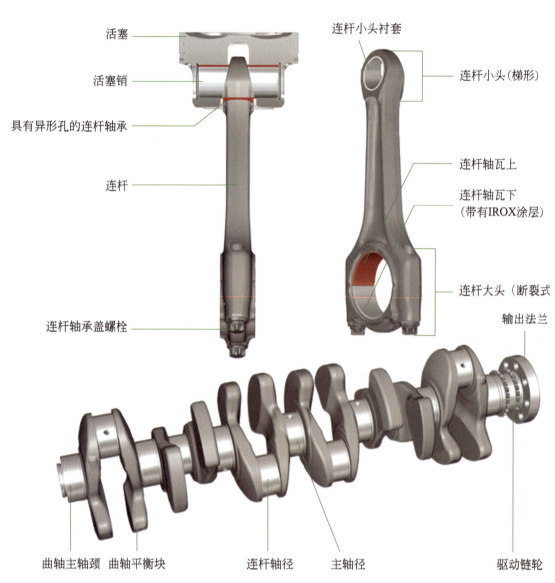

图 2-1-13　B58 发动机曲柄连杆机构

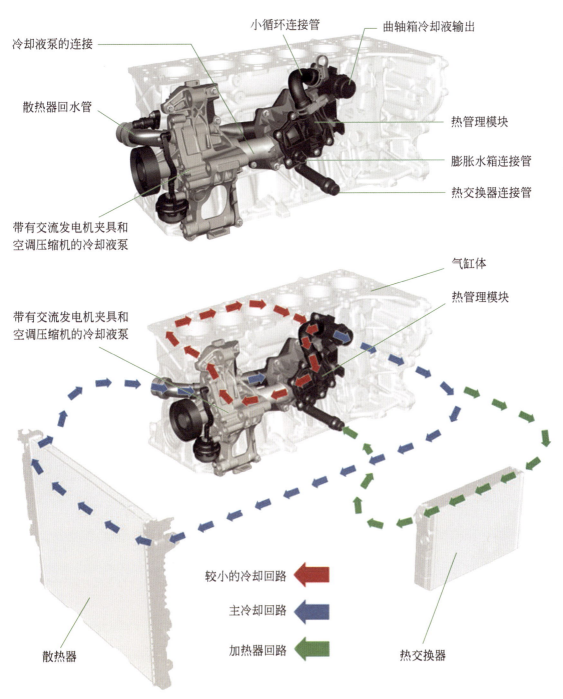

当主冷却回路打开时，冷却液通过散热器。如果较小的冷却液回路打开，冷却液直接从曲轴箱进入短路线的热管理模块。当加热器电路打开时，冷却液通过热交换器来加热。

图2-1-14　B58发动机冷却系统

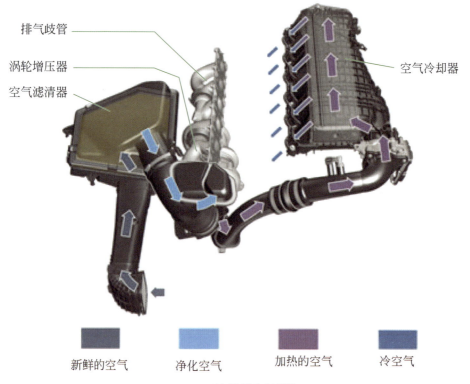

(a)增压空气管路

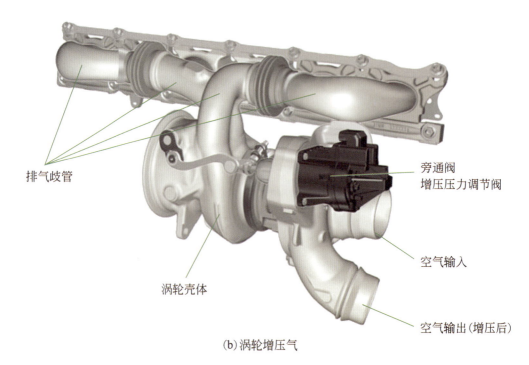

(b)涡轮增气

图2-1-15 B58发动机增压进气系统及涡轮增压器

2.1.3　V型6缸、V型8缸发动机构造图

V型6缸（V6）发动机构造如图2-1-16所示；V型8缸（V8）发动机构造如图2-1-17所示。

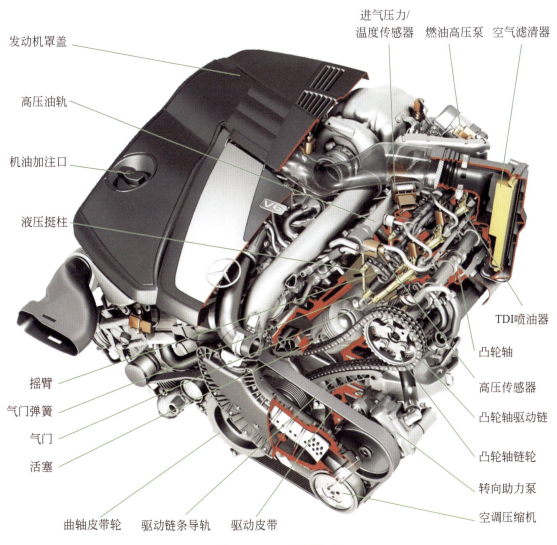

图2-1-16　V6发动机构造

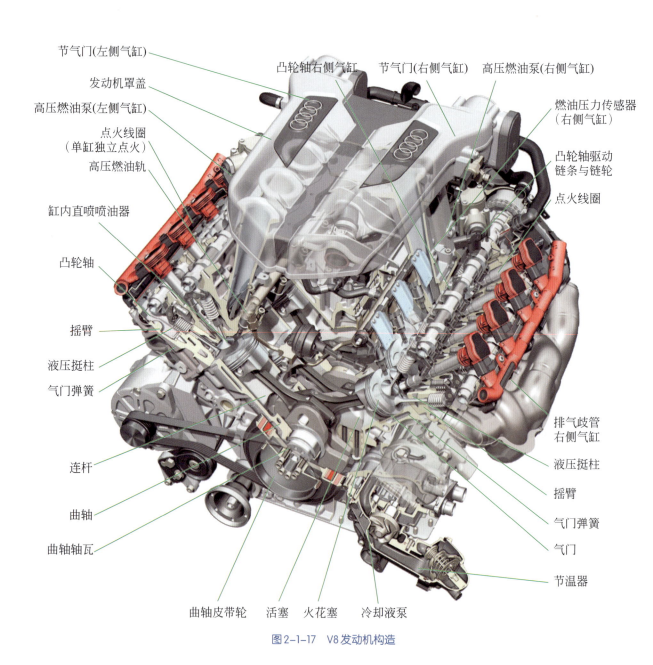

图2-1-17　V8发动机构造

2.1.4 水平对置发动机

水平对置发动机活塞平均分布在曲轴两侧,在水平方向上左右运动,使发动机的整体高度降低、长度缩短、整车的重心降低,车辆行驶更加平稳。发动机安装在整车的中心线上,两侧活塞产生的力矩相互抵消,大大降低车辆在行驶中的振动,使发动机转速得到很大提升,减少噪声。

(1)保时捷911水平对置发动机

保时捷911水平对置发动机剖视图如图2-1-18所示;保时捷911水平对置发动机机体组如图2-1-19所示;保时捷911水平对置发动机曲柄连杆机构如图2-1-20所示;保时捷911水平对置发动机正时驱动机构如图2-1-21所示;保时捷911水平对置发动机润滑系统如图2-1-22所示。

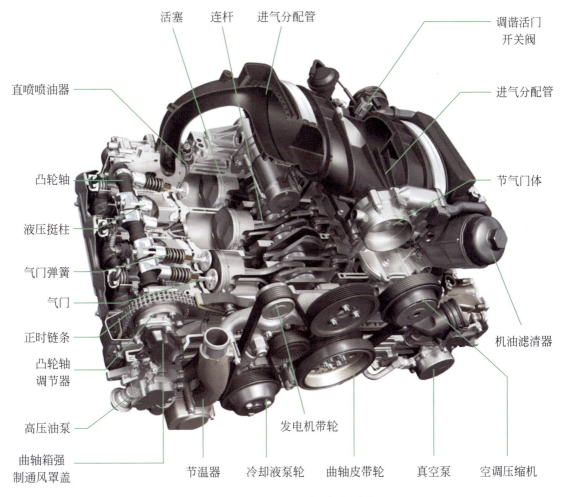

图2-1-18 保时捷911水平对置发动机剖视图

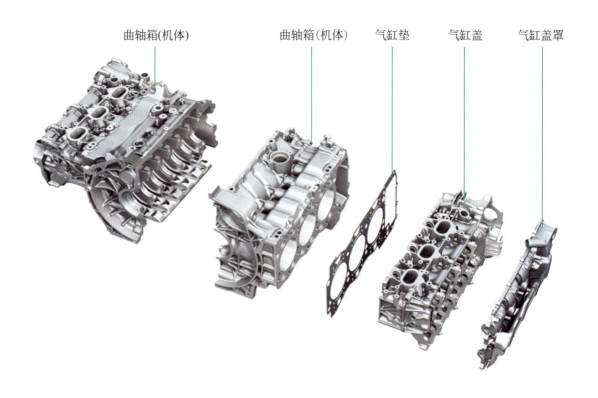

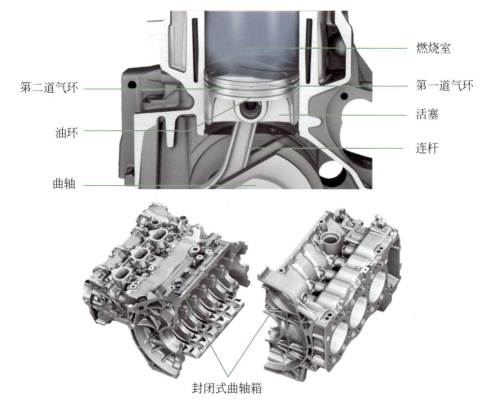

图 2-1-19　保时捷 911 水平对置发动机机体组

图 2-1-20 保时捷911水平对置发动机曲柄连杆机构

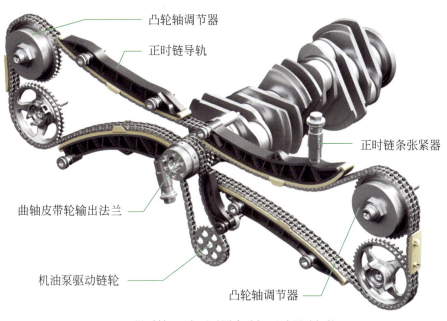

(a)保时捷911水平对置发动机正时驱动机构(一)

图 2-1-21

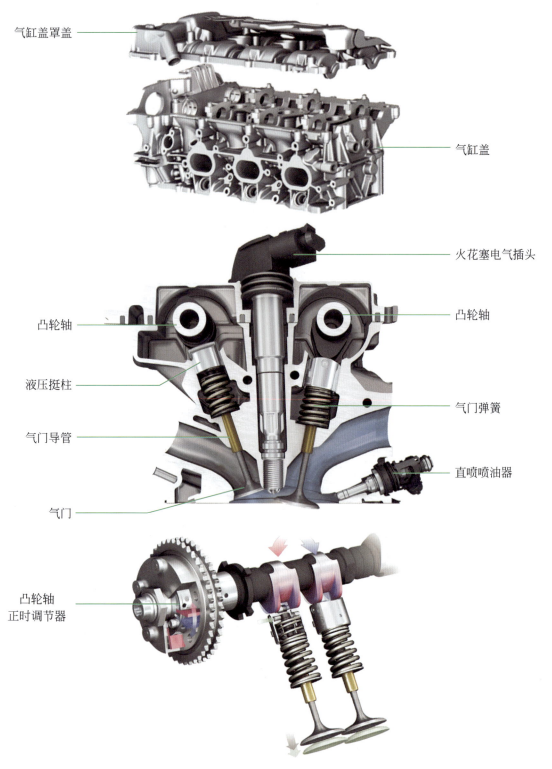

(b)保时捷911水平对置发动机正时驱动机构(二)

图2-1-21 保时捷911水平对置发动机正时驱动机构

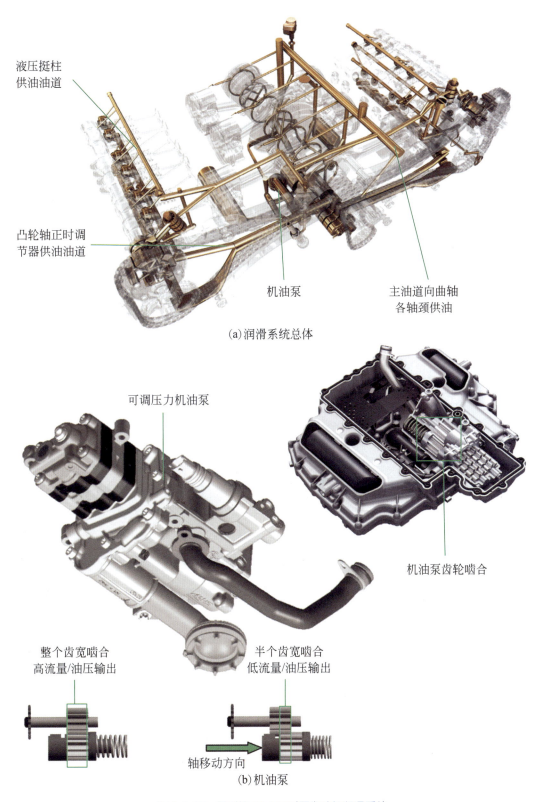

图 2-1-22 保时捷911水平对置发动机润滑系统

（2）斯巴鲁水平对置发动机

斯巴鲁水平对置发动机如图2-1-23所示。

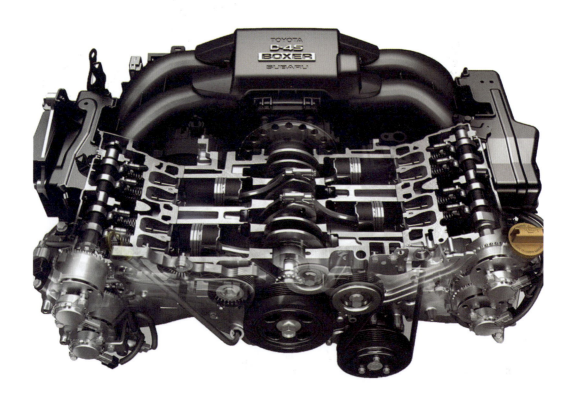

图2-1-23　斯巴鲁水平对置发动机剖视图

2.1.5 转子发动机

转子发动机又称为活塞旋转式发动机。普通气缸发动机，活塞在气缸内做往复式运动；而转子发动机活塞在气缸内做旋转往复运动。

当活塞在气缸内做行星运动时，工作室的容积随着活塞转动而周期性变化，从而完成进气-压缩-做攻-排气这四个行程，活塞每转动一次，完成一个循环，如此往复。

转子发动机的优点是构造简单、体积小、功率大、高速运转时平稳，因此在很多年以前，一度被称为黑科技，很多汽车厂都竞相研发转子发动机。但转子发动机热效率低、油耗高、密封性难保证、自带烧机油属性和排放问题，极大地限制了转子发动机的实用性，大部分厂家逐渐停止了转子发动机的研发。目前也只有马自达RX-8上还在采用。

转子发动机剖视图如图2-1-24所示，转子发动机工作原理如图2-1-25所示。

图2-1-24 转子发动机剖视图

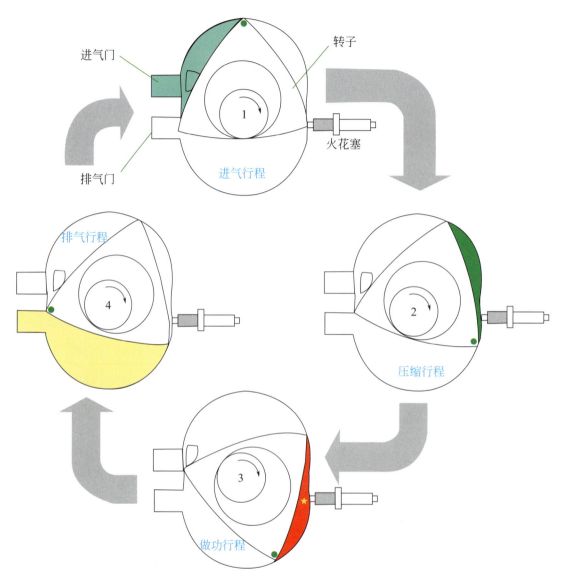

图2-1-25 转子发动机工作原理

转子发动机同样也要完成进气、压缩、做功和排气这四项作业，但是每项作业是在各自的壳体中完成的。这就好像每项作业有一个专用气缸，活塞连续地从一个气缸移至下一个气缸。

与活塞式发动机一样，转子发动机也是利用空气、燃油混合气燃烧产生的压力。在活塞式发动机中，该压力保存在气缸中，驱使活塞运动。连杆和曲轴将活塞的来回运动转换为为汽车提供动力的旋转运动。在转子发动机中，燃烧产生的压力保存在壳体和三角形转子（在该发动机中用来代替活塞）构成的密封室中。

2.2 可变气门技术

2.2.1 宝马可变气门（Valvetronic）技术

Valvetronic可变气门技术是具有进气门升程控制功能的气门驱动系统，发动机进气完全由无级可变进气门升程控制。在发动机转速最低时，进气门将随后开启以改善怠速质量及平稳性。发动机处于中等转速时，进气门提前开启以增大转矩并允许废气在燃烧室内进行再循环从而减少废气的排放。当发动机处于高转速时进气门开启将再次延迟，从而发挥出最大功率。见图2-2-1～图2-2-4。

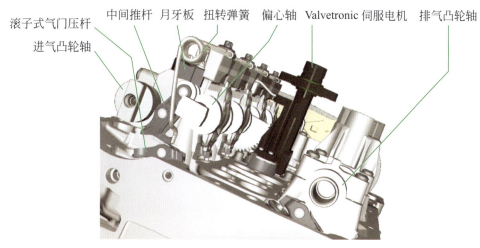

图2-2-1　气门机构

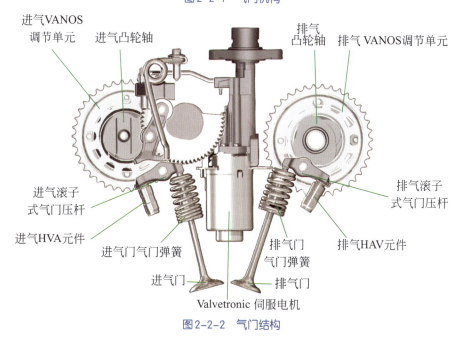

图2-2-2　气门结构

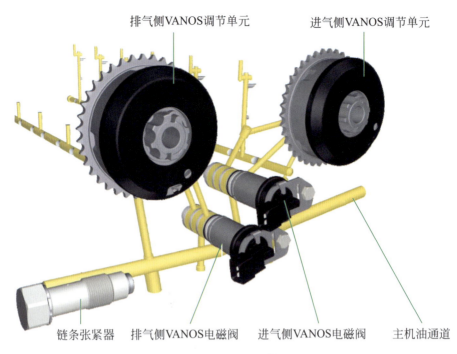

图2-2-3　调节单元及电磁阀VANOS

图2-2-4　调节单元电磁阀油路VANOS

2.2.2 大众、奥迪可变气门升程（AVS）

通过排气凸轮轴上的电子气门升程切换以及进气和排气凸轮轴上的可变气门正时（图2-2-5），实现了对每个气缸气体交换的优化控制。较小的凸轮轮廓仅用于低转速。

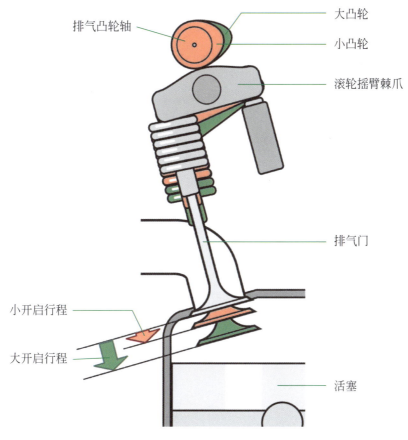

图2-2-5　AVS原理示意

此功能有以下好处。

① 优化气体交换。
② 防止废气回流到之前的180°排气缸。
③ 入口打开时间更早，填充程度更佳。
④ 通过燃烧室内的正压差减少余气。
⑤ 提升响应性。
⑥ 在较低转速和较高增压压力下达到更高的转矩。

为了在排气凸轮轴上两个不同的气门升程之间相互切换，此凸轮轴有4个可移动的凸轮件（带有内花键），如图2-2-6所示。每个凸轮件上都装有两对凸轮，其凸轮升程是不同的。通过电执行器对两种升程进行切换。电执行器接合每个凸轮件上的滑动槽，并移动凸轮轴上的凸轮件。这表明，每个凸轮件有两个执行器用于在两种升程之间来回切换。

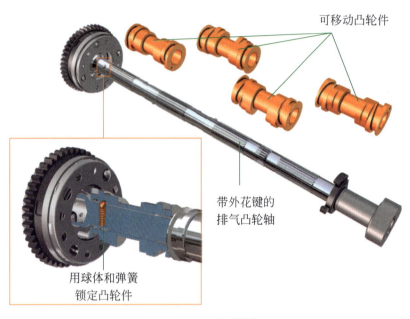

图 2-2-6　凸轮轴结构

凸轮轴中的弹簧加载式球体将凸轮件锁定在其各自的端部位置。凸轮轴的滑动槽和轴向推力轴承会限制凸轮件的移动。因为设计包含了凸轮轴上的一对凸轮，所以滚轮摇臂棘爪的接触面更窄小。

在两个执行器（气缸1～气缸4的排气凸轮执行器A/B）的辅助下，每个凸轮件在排气凸轮轴上的两个切换位置之间被来回推动。每个气缸的一个执行器切换到更大的气门升程，另一个执行器切换到更小的气门升程，如图2-2-7所示。

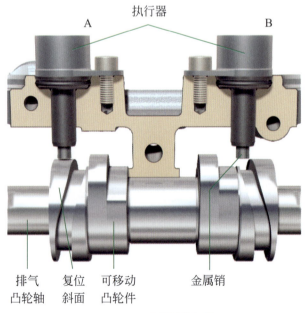

图 2-2-7　凸轮轴执行器

每个执行器由发动机控制单元J623的接地信号启动。通过主继电器J271提供电压。执行器的电流消耗约为3A。

在较低发动机转速范围下的凸轮轴位置，如图2-2-8所示。

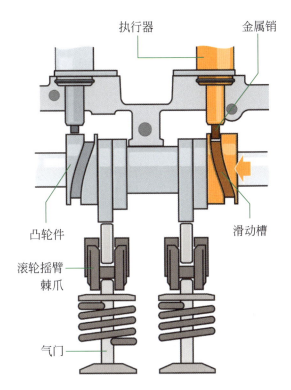

图2-2-8　低转速下凸轮轴位置（一）

为了使这个负载范围内的气体交换性能更佳，发动机管理系统通过凸轮轴调节器将进气凸轮轴提前，将排气凸轮轴延迟。气门升程切换至更小的排气凸轮轮廓，而且右侧执行器移动金属销。金属销接合滑动槽，并将凸轮件移至小凸轮轮廓。

气门现在沿着较小的气门轮廓上下移动。两个小凸轮的位置在某种程度上是交错的，确保气缸两个排气门的开启时间是错开的。这两项措施会导致在废气被从活塞中排到涡轮增压器中时，废气气流的脉动减小，从而可在低转速范围达到较高的增压压力，如图2-2-9所示。

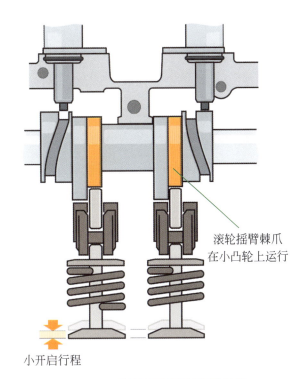

图2-2-9　低转速下凸轮轴位置（二）

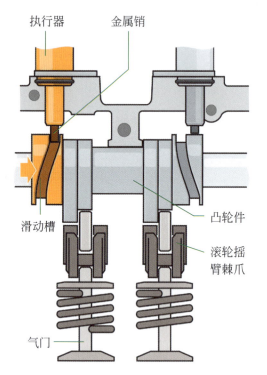

图2-2-10 部分负载和全负载下的凸轮轴位置（一）

部分负载和全负载下的凸轮轴位置，如图2-2-10所示。

驾驶员加速，并从部分负载改变为全负载。气缸内的气体交换必须适应更高的性能要求。

发动机管理系统通过凸轮轴调节器将进气凸轮轴提前，将排气凸轮轴延迟。为达到最佳的气缸填充性能，排气门需要最大的气门升程。为了实现此目的，左执行器被启动，由左执行器移动其金属销。

金属销通过滑动槽将凸轮件移向大凸轮。排气门现在以最小的升程打开和关闭。

凸轮件也通过凸轮轴中的弹簧加载式球体被固定在此位置，如图2-2-11所示。

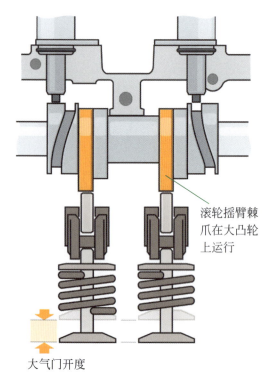

图2-2-11 部分负载和全负载下的凸轮轴位置（二）

2.2.3 本田i-VTEC可变气门技术

本田i-VTEC可变气门技术如图2-2-12所示。

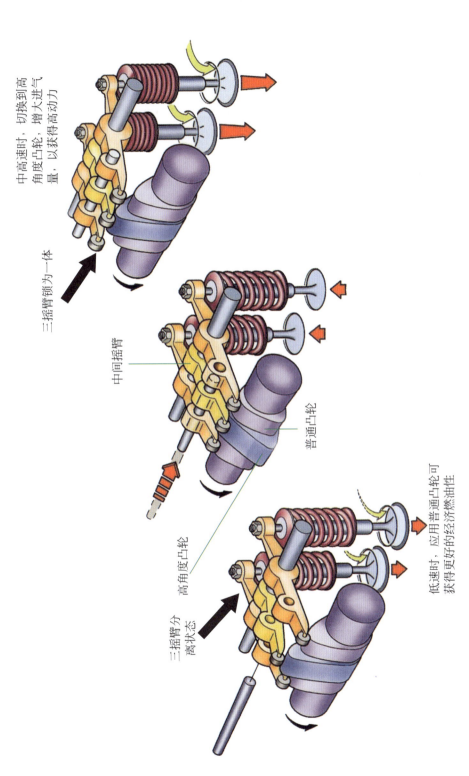

图2-2-12 本田i-VTEC可变气门技术

2.3 可调节式润滑系统

2.3.1 润滑系统剖视图

可调节式润滑系统是指润滑系统可以根据发动机转速和工况自动调节润滑系统的机油供给量，低速低负荷工况下机油泵以低功率运行，降低消耗，高速高负荷工况机油泵以高功率运行提高供油量，保证发动机润滑良好。EA837发动机可调节式润滑系统结构图如图2-3-1所示。

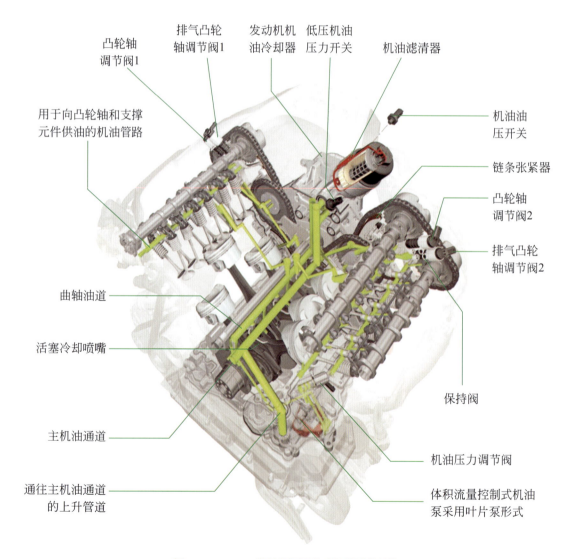

图2-3-1　EA837发动机可调节式润滑系统结构

2.3.2 工作原理

（1）机油泵

机油泵采用带有调节滑块的两挡式叶片泵。

（2）低压工况

机油压力调节阀N428由发动机控制单元进行开关，由此打开通往控制面的通道。泵所产生的机油压力现在作用到两个控制面上，并将调整环进一步扭转，泵腔变小，由此减少输油量，油压下降，机油泵以较低的驱动功率运行，从而降低了消耗，如图2-3-2所示。

在低压工况下，机油压力约为1.5bar。

如果机油压力调节阀N428的电动促动失效，机油泵便会持续以高压力水平进行输送。

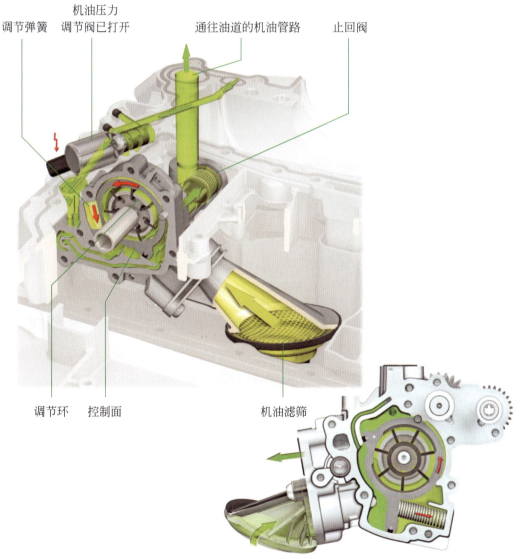

图2-3-2 低压工况工作原理

（3）高压工况

当发动机转速逐渐提高后，将切换到高压挡。此时，机油压力调节阀N428被关闭。

这样，调整环控制面上的机油流便被中断。此时，调节弹簧将调节环推回，机油泵的内室因此扩大，机油泵的输送功率上升，油压被调节到高压力水平，从控制面被压回的机油通过N428排入油底壳，如图2-3-3所示。

当发动机转速降低后，油压在延迟5s后被重新转换到低压力水平。

在高压工况下，机油压力约为3.3bar。

为防止系统油压过高（例如在当机油温度很低，非常黏稠的情况下），在泵中集成了一个安全阀，它能在大约11bar（相对）时打开。

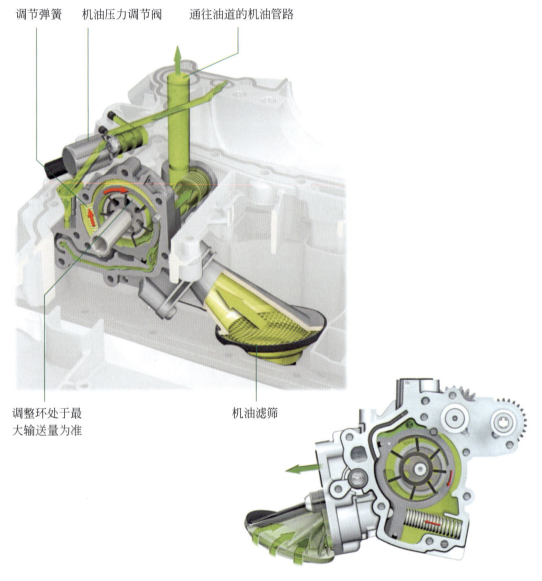

图2-3-3 高压工况工作原理

2.4 发动机燃油系统双喷射

发动机燃油双喷射是指发动机同时具备进气歧管喷射和缸内直喷两种喷油方式。进气歧管喷射是目前发动机采用的最常见的一种喷射方式，喷油系统通过向进气歧管内喷油形成混合雾化气体，这样设计的优点是技术成熟、制造和使用成本低、系统具备一定自净能力，缺点主要是在低速动力输出方面（自然吸气发动机）有所欠缺——这主要是因为低转速下歧管内负压较低造成的。

为了弥补进气歧管喷射的这些缺点，越来越多的车辆开始引入直喷技术，后者直接将燃油喷入气缸，优点是提升了低速动力响应和性能，缺点是系统更为复杂（需要设计高压油泵和油管等一系列管路），同时对油品要求较高（因为喷射过程短，要求喷嘴更精密）。

既然各有优缺点，设计师们想到了把这两种技术结合起来，实现更高的燃烧效率和更宽泛的良好动力表现，所以双喷射系统就此诞生了。

最早应用双喷射的是丰田公司。大众EA888发动机是大众旗下第一款采用双喷射的发动机，之后EA837页采用了双喷射技术。

2.4.1 EA837双喷射

EA837为3.0LV型6缸机械增压发动机，机械增压器带有电磁离合器控制。燃油系统结合了缸内直喷和进气歧管喷射两种喷射模式，2017款途昂3.0车型就采用了这款发动机，这里介绍的是第四代EA837发动机。

低压燃油喷射系统（MPI）：燃油轨布置在增压模块的左右两侧，它们由塑料制成。管路从油轨开始分路，通向MPI喷油器。并将燃油喷射到相应的进气歧管内。

缸内直喷（TSI）：通过安装在气缸顶部的高压喷油泵，将燃油喷入气缸。高压燃油泵通过气缸列1进气凸轮轴上的三重凸轮进行驱动。它根据转速和要求产生一个100～200 bar（$1bar=10^5Pa$）的系统压力。

EA837双喷射优点如下。

① 通过总体均匀的混合气制备，使颗粒物的排放下降10%。

② 在较低的部分负荷范围，可将节气门进一步打开，由此可产生油耗优势。

③ 由于喷射时溅到壁上的燃油量减少，因此燃油进入发动机机油中的量也随之减少。

④ 通过提前将MPI燃油压力准备就绪，而不是通过高压泵建立压力，可以从启动开始起，见图2-4-1和图2-4-2。便能够较早地进行燃油喷射，从而缩短了冷启动时间。

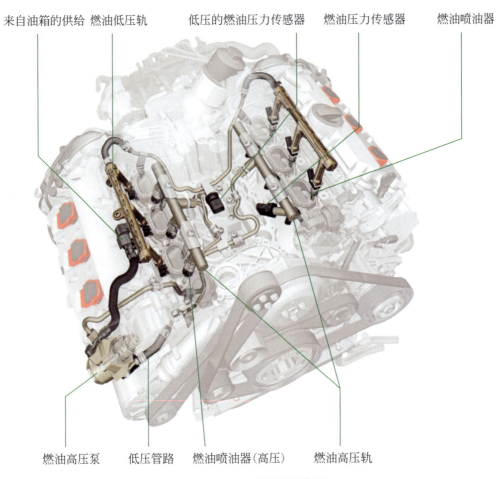

图2-4-1　EA837双喷射结构图

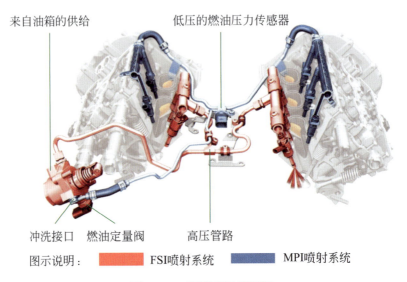

图示说明：　■ FSI喷射系统　　■ MPI喷射系统

图2-4-2　高低压喷射管路图

2.4.2　EA888双喷射

EA888发动机燃油双喷射系统组成和原理与EA837基本相同,这里只介绍双喷射系统的运行模式切换。见图2-4-3和图2-4-4。

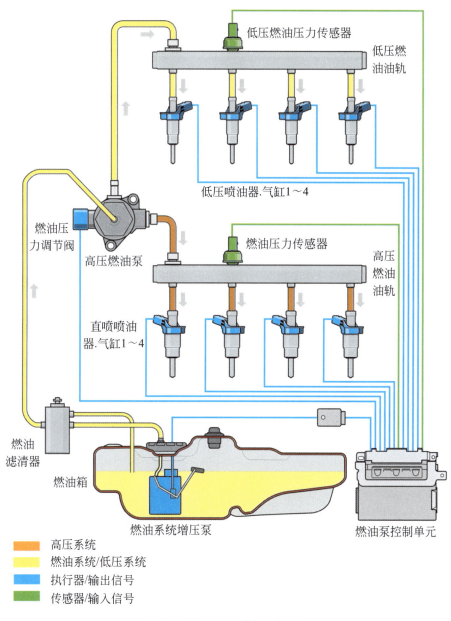

图2-4-3　EA888双喷射系统组成

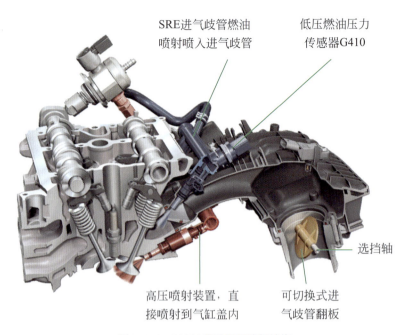

图2-4-4　EA888发动机双喷射结构

发动机根据温度、负荷和转速在各运行模式之间切换。

① 发动机启动：当发动机处于冷态且冷却液温度低于45℃时，每次发动机启动，就在压缩行程中通过高压喷射系统进行三重直喷。

② 暖机和催化转换器加热：此阶段，在进气和压缩行程中进行双重直喷，进气行程中进气歧管低压喷射，压缩行程是高压喷射系统进行高压喷射。此时点火点有一定的延迟。

③ 发动机在部分负荷范围下运行：如果发动机温度高于45℃，并且发动机在部分负荷范围中被驱动，则发动机切换到歧管喷射模式。

④ 发动机在全负荷下运行：基于高性能需求，系统切换到高压模式。在进气和压缩行程中进行双重直喷。进气行程中进气歧管低压喷射，压缩行程是高压喷射系统进行高压喷射。

⑤ 紧急运行功能：如果任一喷油系统发生故障，发动机使用另一系统由发动机控制单元驱动。从而确保车辆仍可继续行驶。组合仪表中的红色发动机指示灯亮起。

2.5　增压进气系统

2.5.1　废气涡轮增压进气系统

废气涡轮增压系统利用发动机排出的废气惯性冲力来推动涡轮室内的涡轮，涡轮又带动同轴的叶轮，叶轮压送由空气滤清器管道送来的空气，使之增压进入气缸。增压器与发动机无任何机械联系，实际上是一种空气压缩机，通过压缩空气来增加进气量。

当发动机转速增快，废气排出速度与涡轮转速也同步增快，叶轮就压缩更多的空气进入气缸，空气的压力和密度增大可以燃烧更多的燃料，相应增加燃料量就可以增加发动机的输出功率。一般而言，加装废气涡轮增压器后的发动机功率及转矩要增大20%～30%。涡轮增压系统图如图2-5-1所示，涡轮增压器安装位置剖面图如图2-5-2所示，涡轮增压器结构剖面图如图2-5-3所示。

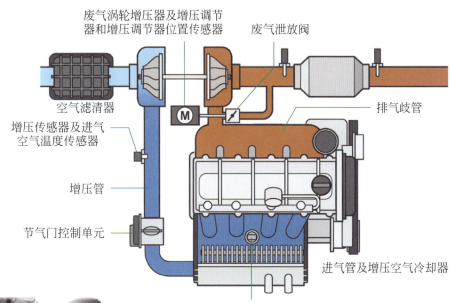

图2-5-1　涡轮增压系统

图2-5-2　涡轮增压器安装位置剖面图

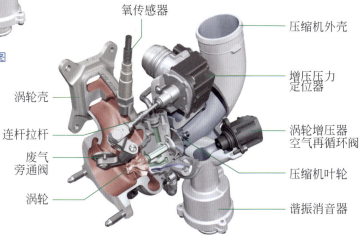

图2-5-3　涡轮增压器结构剖面图

2.5.2 机械增压

机械增压器采用皮带与发动机曲轴皮带轮连接（新型的增压器带有电磁离合器，可控制增压器是否启动）。利用发动机转速来带动机械增压器内部叶片，以产生增压空气送入发动机进气歧管内，整体结构相当简单，工作温度界于 70～100℃，不同于涡轮增压器靠引擎排放的废气驱动，必须接触 400～900℃的高温废气，因此机械增压系统对于冷却系统、润滑油脂的要求与自然吸气式发动机相同，机件保养程序大同小异。由于机械增压器采用皮带驱动的特性，因此增压器内部叶片转速与发动机转速是完全同步的。

机械增压器本质上是一台罗茨鼓风机，有两个转子或三个，每个转子都扭转一定的角度，以形成一个螺旋。这两个或三个转子都由发动机曲轴通过皮带驱动，与废气系统不相干。如图 2-5-4～图 2-5-7 所示。

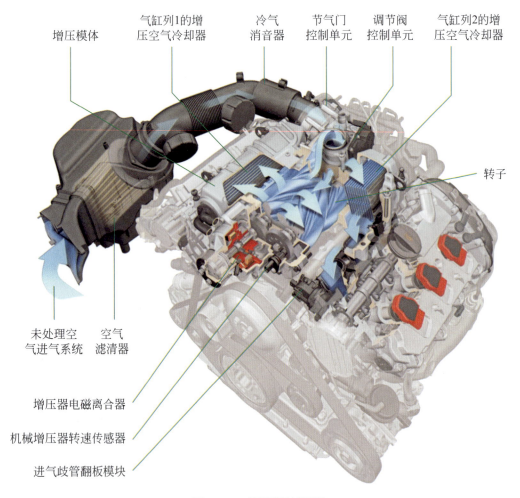

图 2-5-4　供给和机械增压

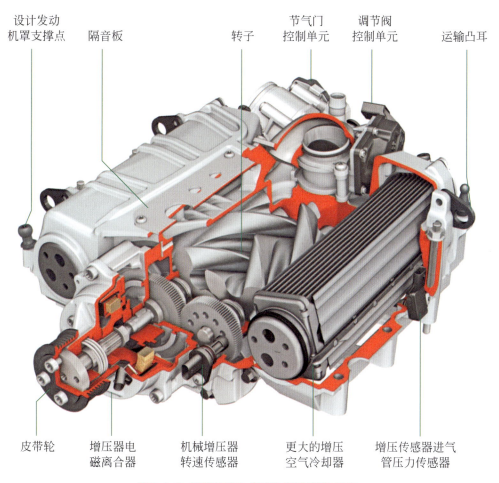

图 2-5-5 压缩机模块（罗茨式增压器）结构

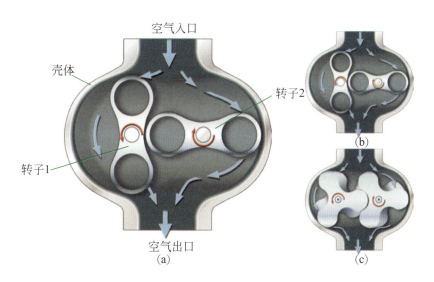

图 2-5-6 机械增压器原理

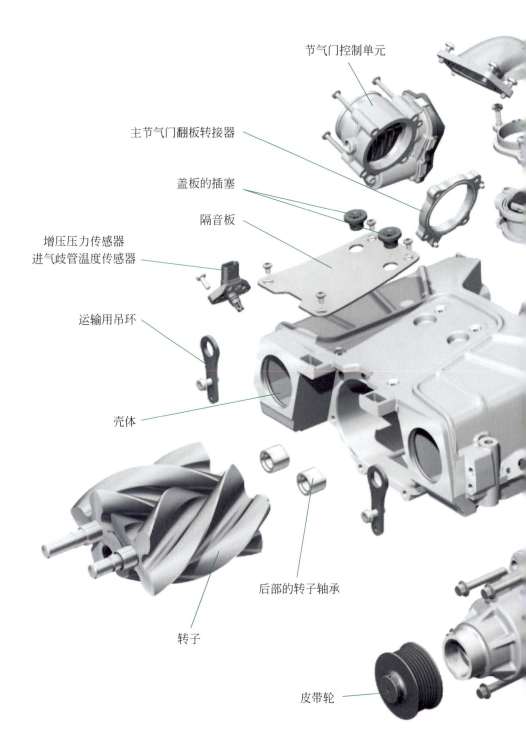

图2-5-7 机械增压器结构

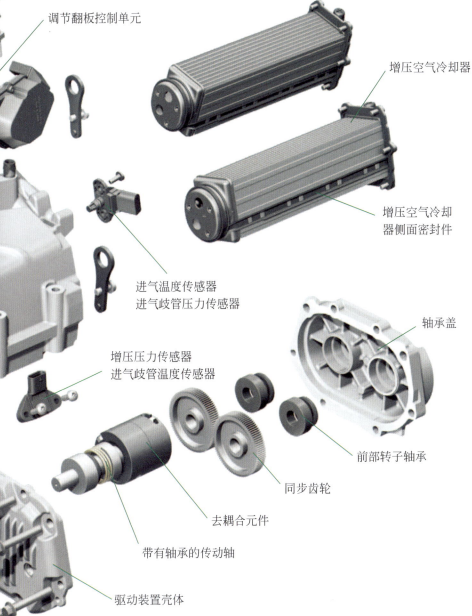

第3章
汽车传动系统新技术

3.1 2017款奥迪A4L新型6速手动变速器

3.2 行星齿轮式自动变速器

3.3 双离合器自动变速器

3.4 差速器

3.1 2017款奥迪A4L新型6速手动变速器

2017款奥迪A4L手动挡两驱车型发动机与变速器纵向布置，前轮驱动，变速器内部取消了传动半轴，变速器输出轴前段输出齿轮通过一直齿齿轮将动力传递给主减速差速器，手动变速器外观如图3-1-1所示，齿轮副剖视啮合图如图3-1-2所示。

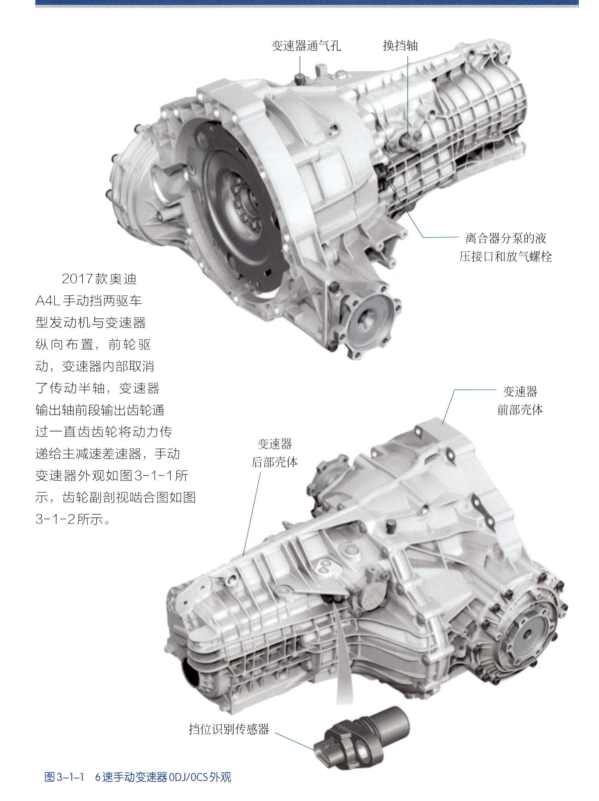

图3-1-1　6速手动变速器0DJ/0CS外观

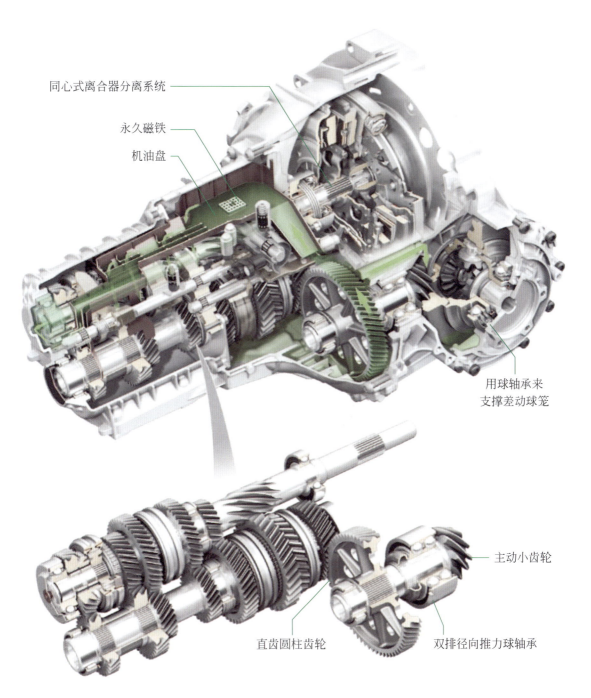

图3-1-2 0DJ/0CS变速器的齿轮副剖视

离合器压盘可分为无自调机构和有自调机构两类，其中有自调机构又分为TAC和SAC两类。2017款奥迪A4L采用了TAC式离合器压盘。

TAC意思是行程可调节离合器。TAC系统会根据离合器的磨损情况来按照设定好的离合器行程进行调节。如图3-1-3所示。

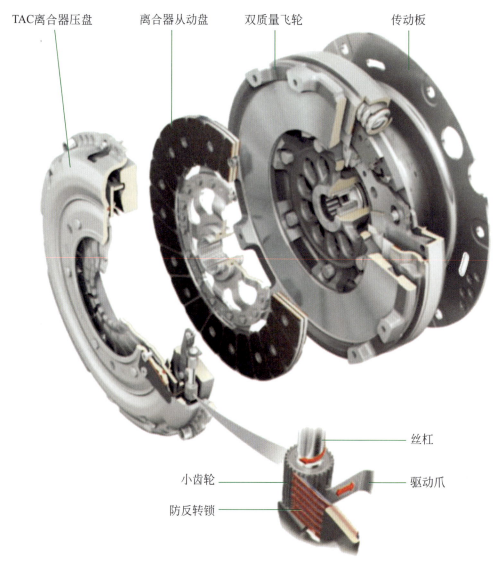

图3-1-3　TAC离合器压盘的棘轮机构

2017款奥迪A4L新型手动变速器采用了新的离合器操纵机构——CSC同心式离合器分泵。离合器分泵与分离轴承构成一个功能单元，CSC同心式离合器分离机构如图3-1-4所示。

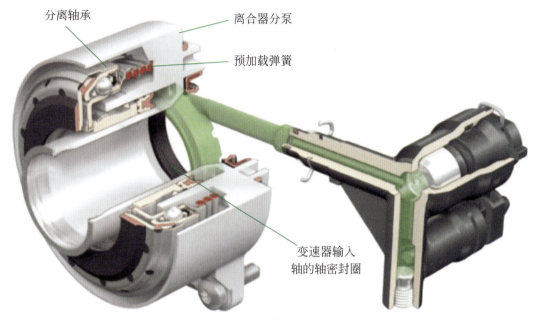

(a) 未操纵离合器(离合器接合)

■ 离合器压紧力
■ 无压力

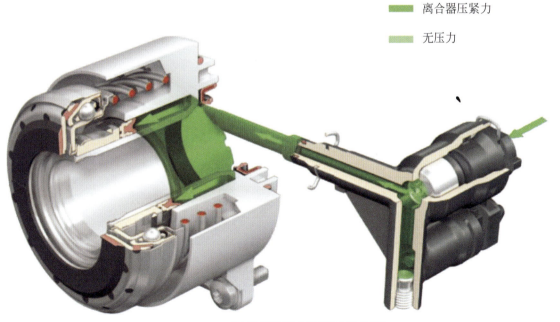

(b) 已操纵离合器(离合器分离)

图3-1-4　CSC同心式离合器分离机构

3.2 行星齿轮式自动变速器

新型9速、8速行星齿轮式自动变速器剖视图如图3-2-1所示，行星齿轮结构与工作原理如图3-2-2所示。

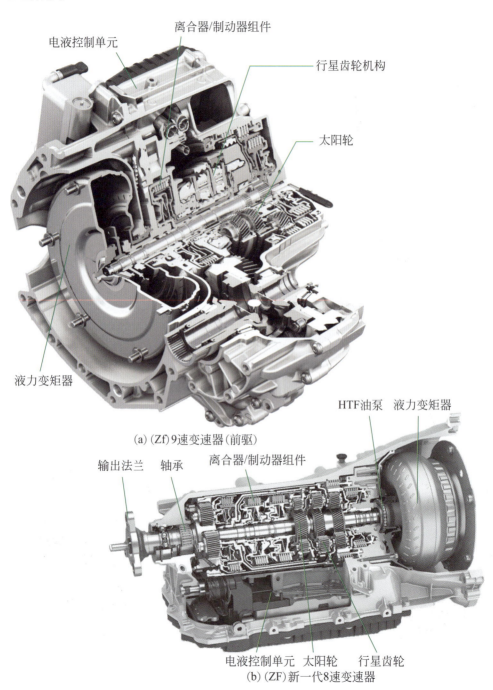

图3-2-1　新型9速、8速行星齿轮式自动变速器剖视图

（1）太阳轮S1

它通过一个插接连接和机械式ATF油泵固定连接在一起。由于这个连接，太阳轮S1就不能自己转动。

（2）太阳轮S2和S3

两个太阳轮相互独立地转动。太阳轮S3的转轴贯穿太阳轮S2。两个太阳轮可以分别以不同的转速进行转动。

（3）行星齿轮P2和P3

行星齿轮P2和外行星齿轮P3安装在一个共同的轴上，并固定地连接在一起。轴和行星齿轮用内六角螺栓固定在行星齿轮架PT2上。

太阳轮S2的转矩传递给行星齿轮P2，然后传递到外行星齿轮P3。只有外行星齿轮P3和齿圈H2是相连的，并且把太阳轮S2的转矩传递给齿圈H2。

太阳轮S3的转矩传递到齿圈H2上的过程首先要经过内行星齿轮P3。然后转矩从内行星齿轮P3传递到外行星齿轮P3，最后传递到齿圈H2上。

根据不同的发动机配置，行星齿轮P2和内、外行星齿轮P3上安装3个或者4个行星齿轮。

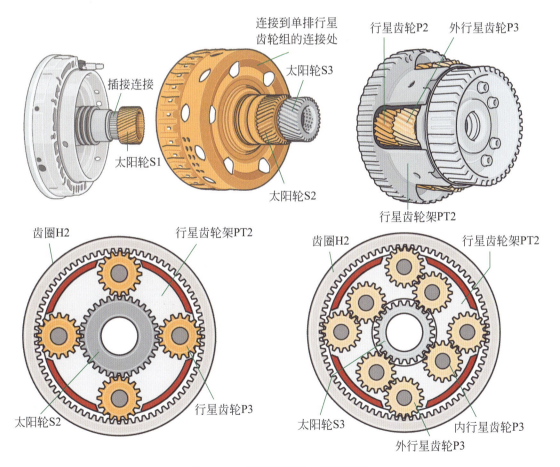

图3-2-2　行星齿轮结构与工作原理

3.3 双离合器自动变速器

奥迪Q5 7速双离合自动变速器剖视图如图3-3-1所示；奥迪Q5 7速双离合自动变速器输入、输出轴剖视图如图3-3-2所示；大众OAM 7速双离合自动变速器输入、输出轴如图3-3-3所示。双离合器（干式）构造及工作原理如图3-3-4所示；变速器电液控制单元及传感器如图3-3-5所示；换插电磁阀与换插拨叉如图3-3-6所示。

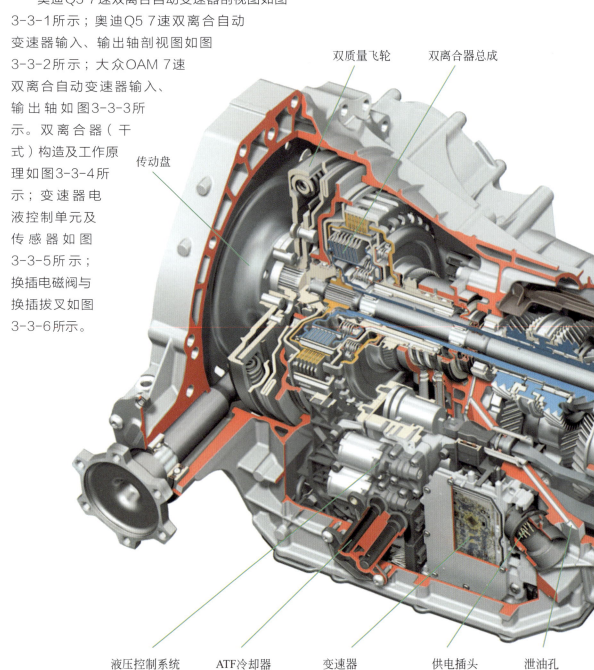

(a) 7速双离合器自动变速器剖视图1

图3-3-1 奥迪Q5 7速双离合器自动变速器剖视图

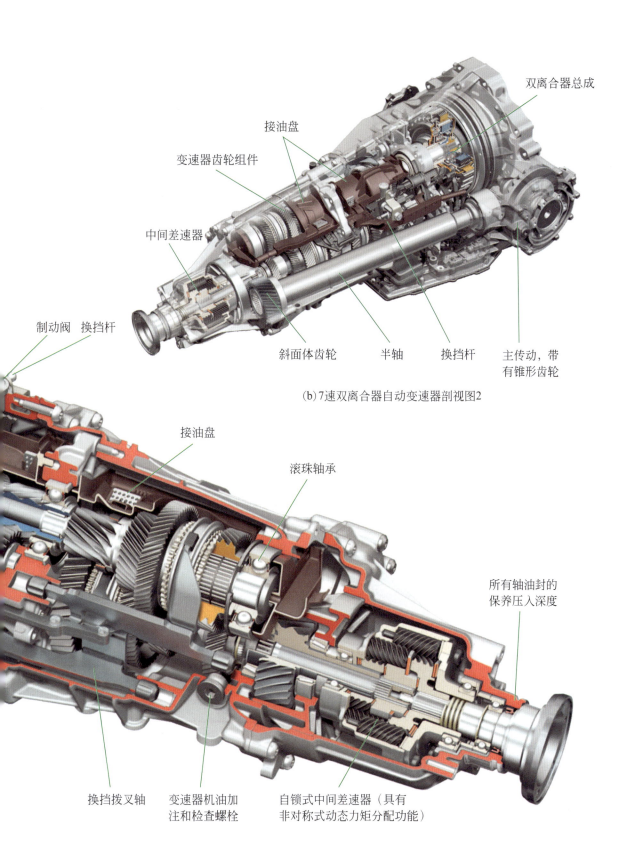

(b)7速双离合器自动变速器剖视图2

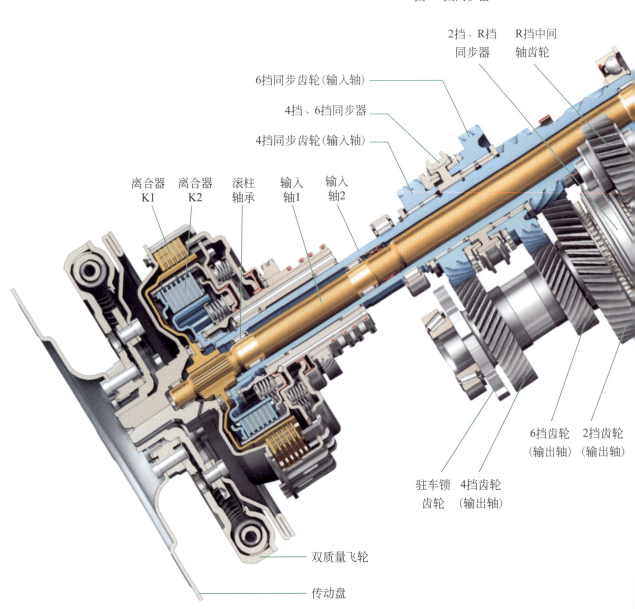

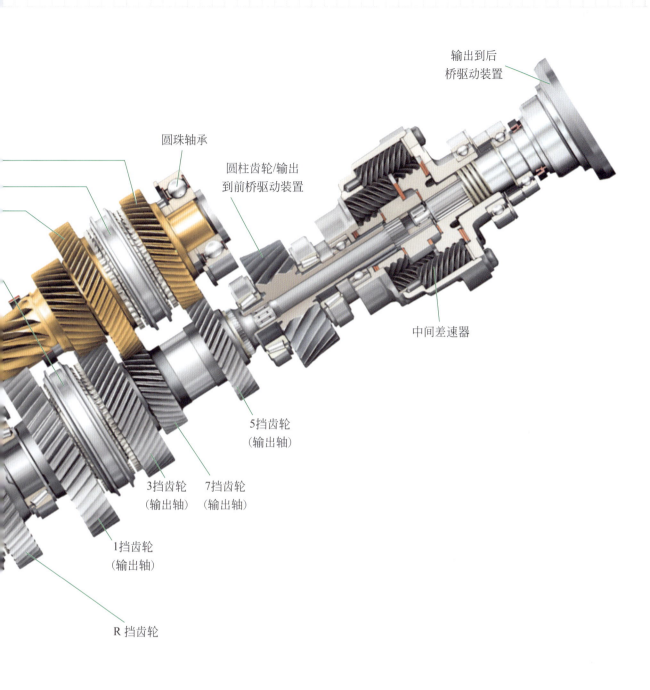

图3-3-2 奥迪Q5 7速双离合自动变速器0B5/Stroni输入、输出轴剖视图

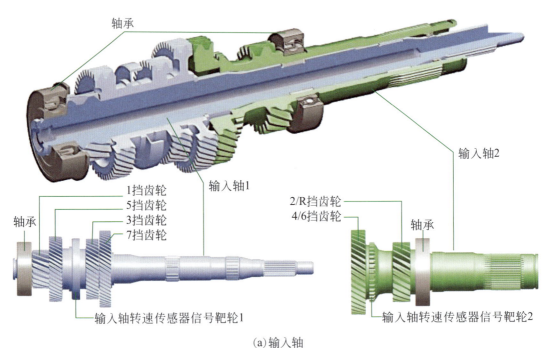

(a) 输入轴

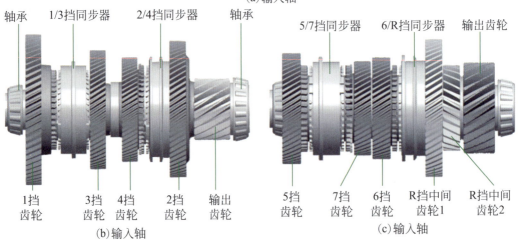

(b) 输入轴　　　　　　　　　　　　　　(c) 输入轴

(d) 输入轴

图3-3-3　大众OAM 7速双离合自动变速器输入、输出轴

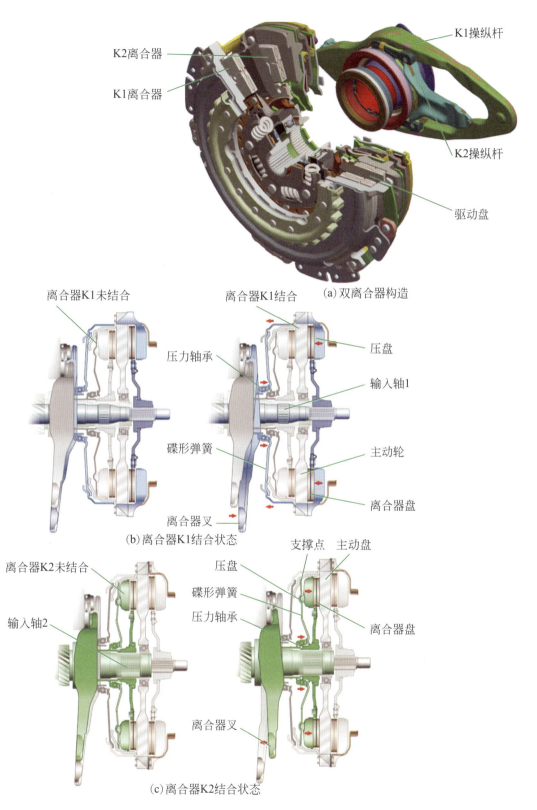

图3-3-4 双离合(干式)构造及工作原理

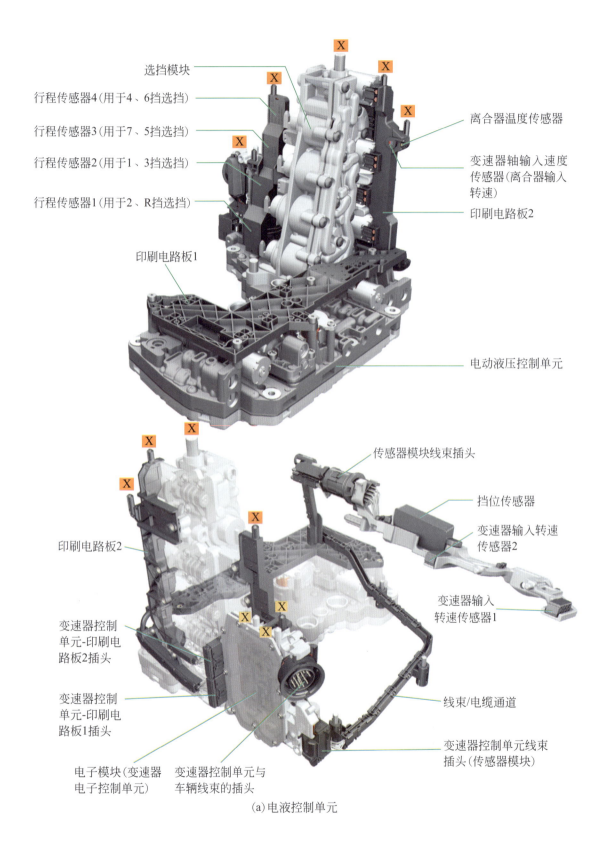

(a)电液控制单元

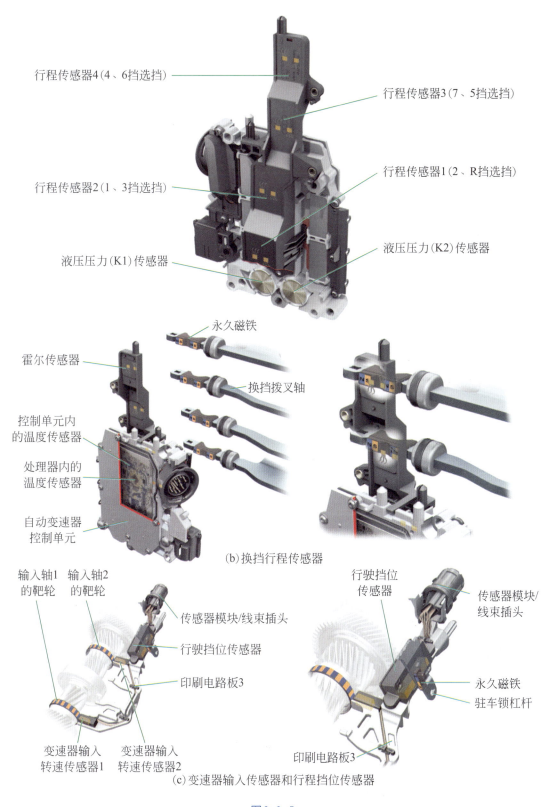

图 3-3-5

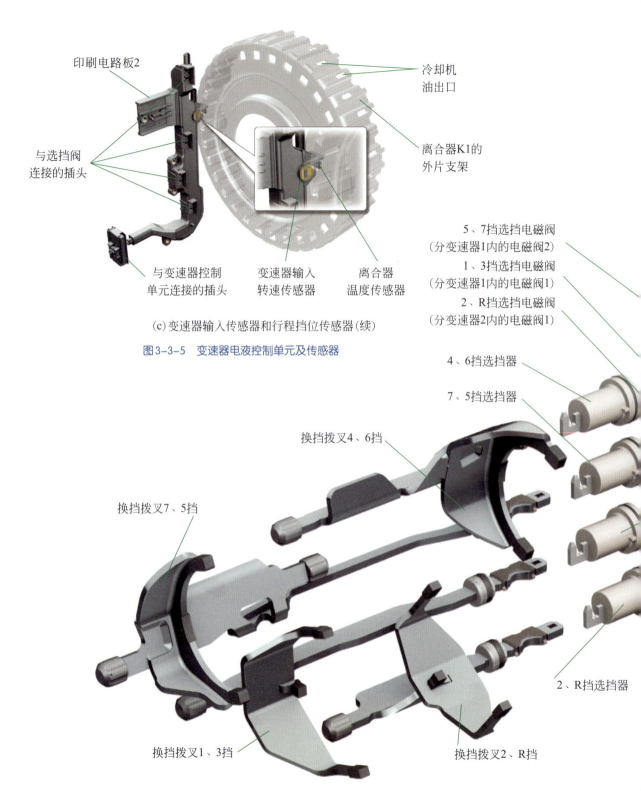

(c)变速器输入传感器和行程挡位传感器(续)

图3-3-5　变速器电液控制单元及传感器

图3-3-6　换插电磁阀与换插拨叉

3.4 差速器

3.4.1 大众车系第四代四轮驱动耦合器

前轮驱动一般通过前桥差速器进行。与此同时，转矩通过法兰锥齿轮系统，从该差速器传递至桥间传动轴。它连接到四轮驱动耦合器上。根据四轮驱动耦合器的开口度大小，由行驶工况决定传递到后桥驱动的转矩大小，如图3-4-1、图3-4-2所示。

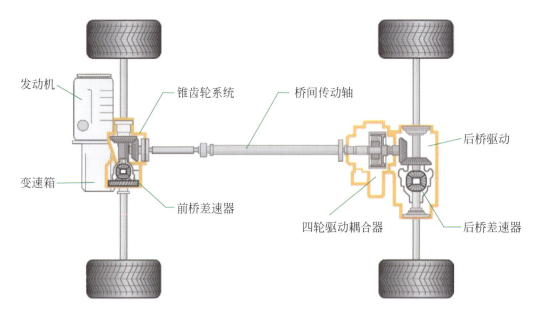

图3-4-1 四轮驱动结构

图3-4-2 锥齿轮系统

后桥驱动动力传递如图3-4-3所示,后桥驱动系统剖视图如图3-4-4所示,四轮驱动耦合器结构如图3-4-5所示,四轮驱动电控液压组件和控制单元如图3-4-6所示。

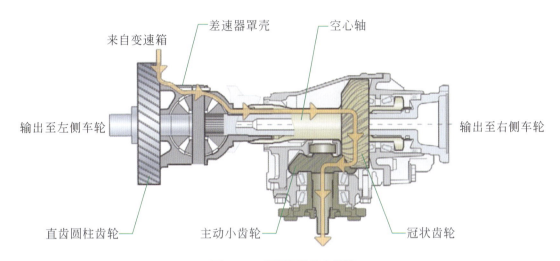

图3-4-3　后桥驱动动力传递

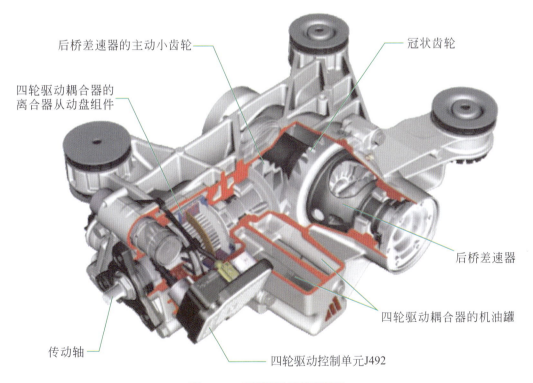

图3-4-4　后桥驱动系统剖视图

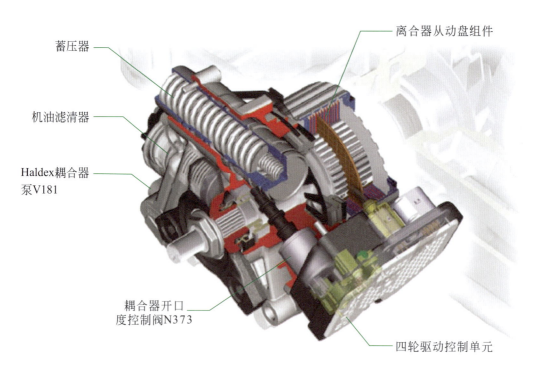

(a)四轮驱动耦合器组件

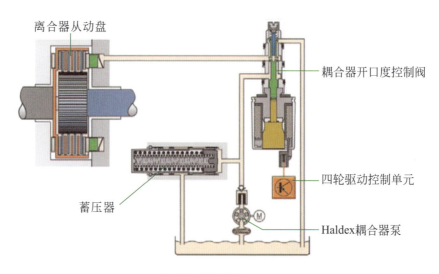

(b)机油系统组件

图3-4-5　四轮驱动耦合器的结构

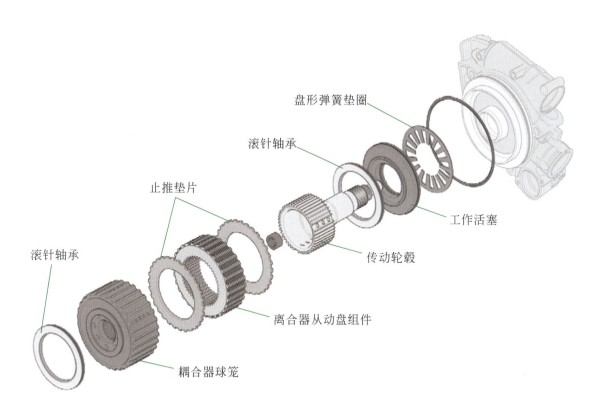

图3-4-6　四轮驱动电控液压组件和控制单元

3.4.2 大众车系全新第五代四轮驱动离合器

四轮驱动离合器集成在后桥驱动总成中。通过前后桥驱动总成之间的四轮驱动离合器，驱动转矩可传至后桥。通过调节开度将所需的驱动转矩传递到后桥。如图3-4-7所示。

图3-4-7　四轮驱动离合器结构

四轮驱动离合器泵V181是一个集成有离心力调节器的活塞泵。它生成并调节油压,并由四轮驱动系统控制单元持续控制。如图3-4-8所示。

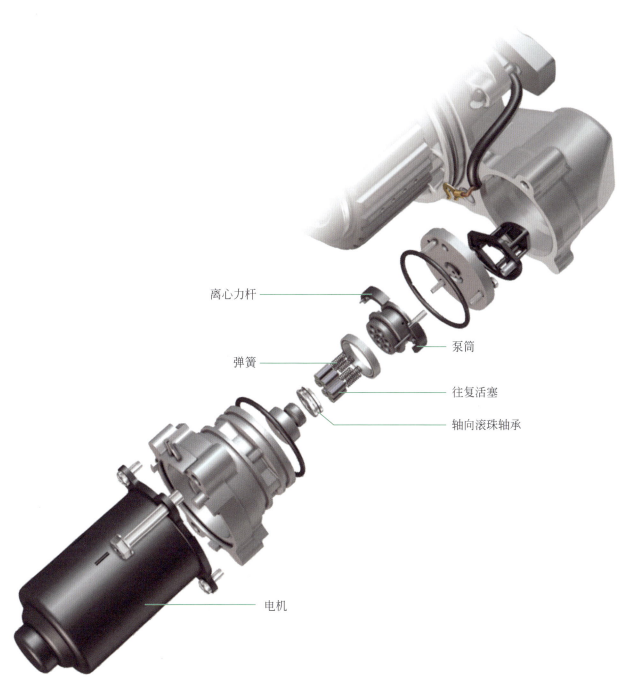

图3-4-8 四轮驱动离合器泵

3.4.3 奥迪车系运动型差速器

奥迪车系运动型差速器结构示意如图3-4-9所示，后部主传动结构如图3-4-10所示，奥迪后部主传动OBE/OBF剖视图如图3-4-11所示，多片式离合器分解如图3-4-12所示。

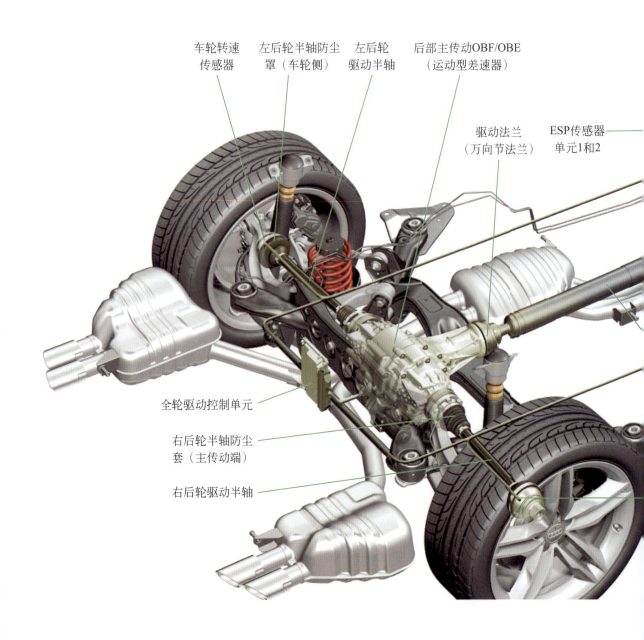

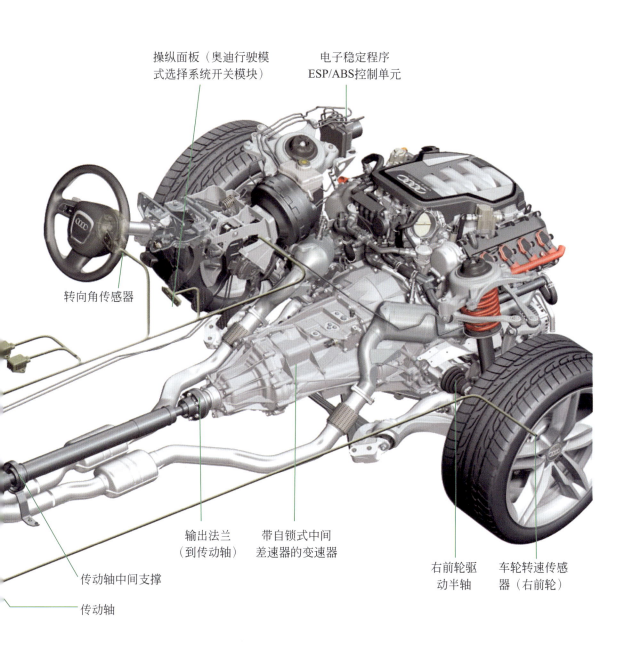

图3-4-9 奥迪车系运动型差速器结构示意

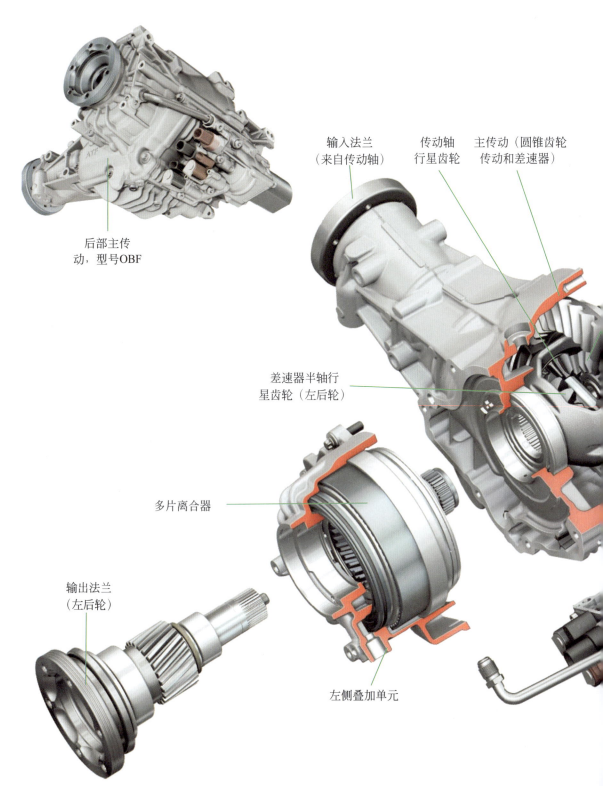

图3-4-10 后部主传动结构

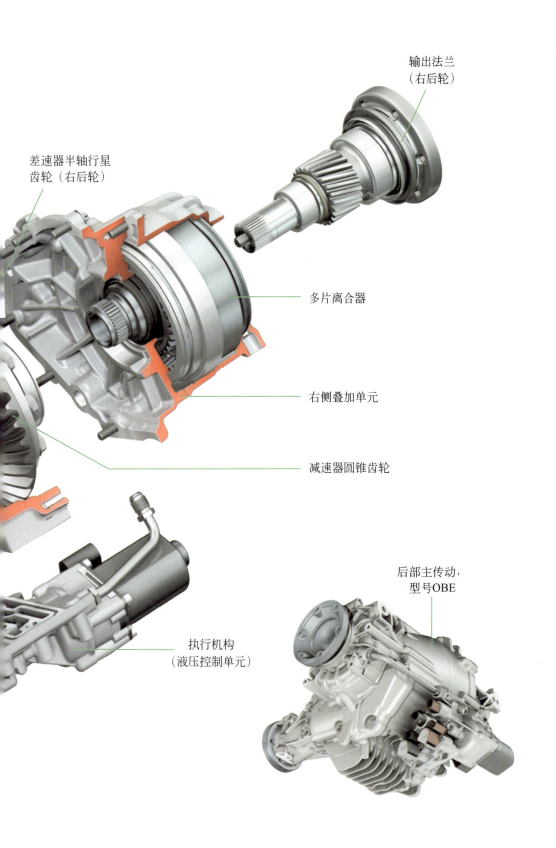

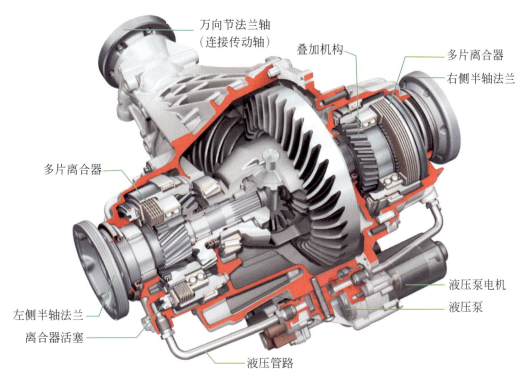

(a)后部主传动OBE剖面图

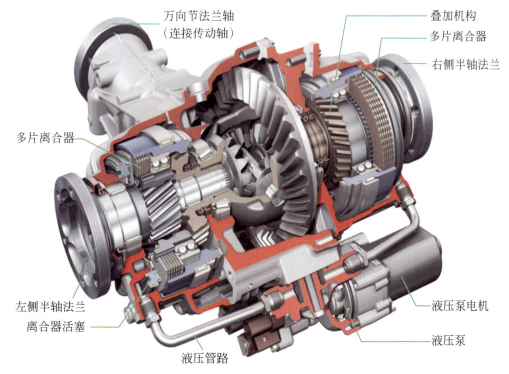

(b)后部主传动OBF剖面图

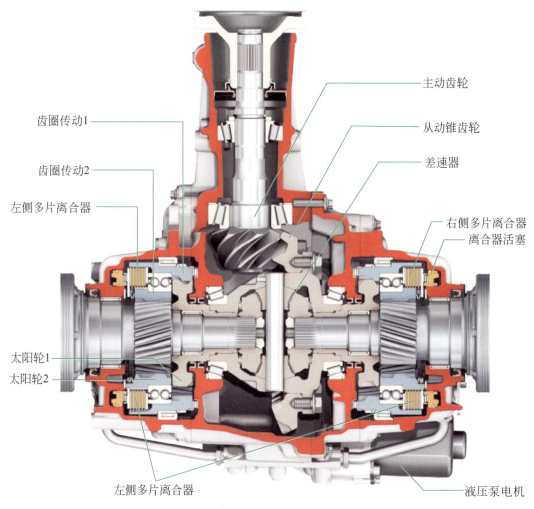

(c)后部主传动OBE/OBF剖面图(俯视)

图3-4-11 奥迪后部主传动OBE/OBF剖面图

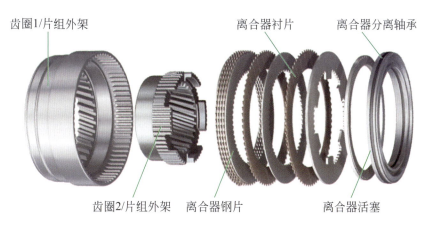

图3-4-12 多片式离合器分解图

第4章
汽车底盘新技术

- 4.1 空气悬架
- 4.2 电动机械转向系统（电控助力转向）
- 4.3 主动转向系统
- 4.4 Executive Drive Pro（主动防侧倾）
- 4.5 轮胎失压识别系统

4.1 空气悬架

空气悬架是用空气压缩机形成压缩空气,并将压缩空气送到弹簧和减振器的空气室中,以此来改变车辆的高度。在前轮和后轮的附近设有车高传感器,按车高传感器的输出信号,控制系统判断出车身高度的变化,再控制压缩机和排气阀,使弹簧压缩或伸长,从而起到减震的效果。空气悬架给予了汽车更多的灵性。在高速行驶时悬架可以变硬来提高车身的稳定性;而长时间在低速不平的路面行驶时,控制系统会使悬架变软来提高车子的舒适性。

奥迪Q7空气悬架组成如图4-1-1所示;空气弹簧结构如图4-1-2所示;空气弹簧工件原理如图4-1-3所示。

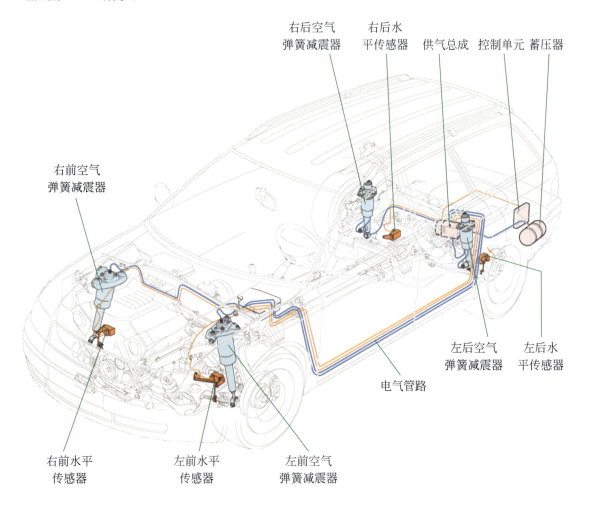

图4-1-1　奥迪Q7空气悬架组成

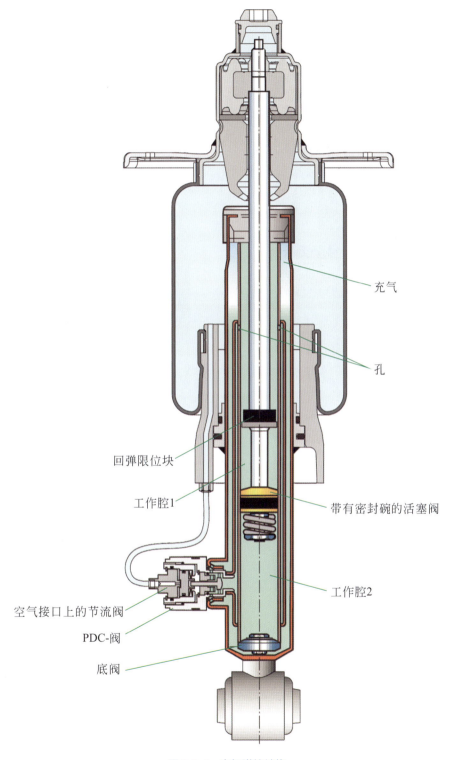

图 4-1-2 空气弹簧结构

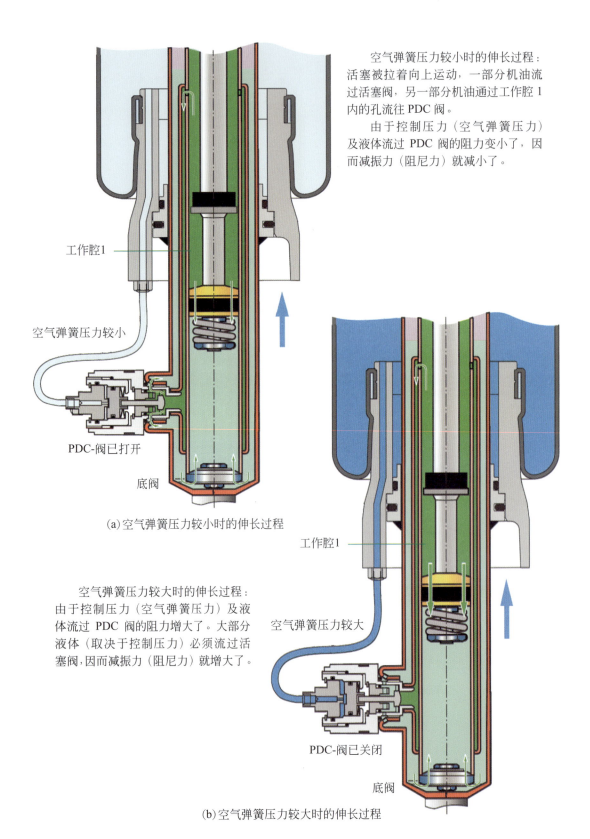

空气弹簧压力较小时的伸长过程：活塞被拉着向上运动，一部分机油流过活塞阀，另一部分机油通过工作腔1内的孔流往PDC阀。

由于控制压力（空气弹簧压力）及液体流过PDC阀的阻力变小了，因而减振力（阻尼力）就减小了。

(a) 空气弹簧压力较小时的伸长过程

空气弹簧压力较大时的伸长过程：由于控制压力（空气弹簧压力）及液体流过PDC阀的阻力增大了。大部分液体（取决于控制压力）必须流过活塞阀，因而减振力（阻尼力）就增大了。

(b) 空气弹簧压力较大时的伸长过程

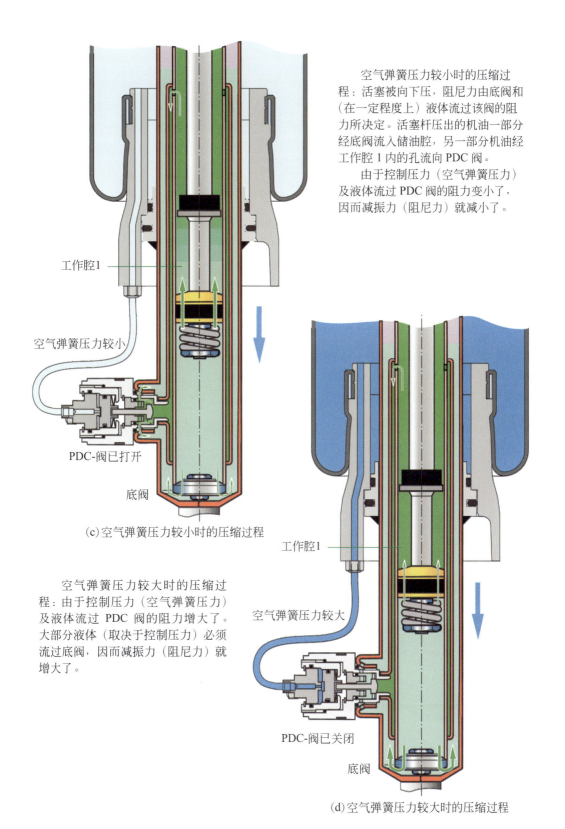

空气弹簧压力较小时的压缩过程：活塞被向下压，阻尼力由底阀和（在一定程度上）液体流过该阀的阻力所决定。活塞杆压出的机油一部分经底阀流入储油腔，另一部分机油经工作腔1内的孔流向PDC阀。

由于控制压力（空气弹簧压力）及液体流过PDC阀的阻力变小了，因而减振力（阻尼力）就减小了。

(c) 空气弹簧压力较小时的压缩过程

空气弹簧压力较大时的压缩过程：由于控制压力（空气弹簧压力）及液体流过PDC阀的阻力增大了。大部分液体（取决于控制压力）必须流过底阀，因而减振力（阻尼力）就增大了。

(d) 空气弹簧压力较大时的压缩过程

图4-1-3 空气弹簧工作原理

空气供给系统安装在车外备胎坑前部,由电动机、压缩机、电磁阀单元、温度传感器、空气干燥器、气动排气阀等组成。压缩空气是由一个单级往复活塞式压缩机产生的。为了避免压缩空气产生冷凝水引起部件锈蚀必须采用空气干燥器给压缩空气去湿。气动排气阀的作用是保持系统剩余压力和限压。为了提高系统工作的可靠性,在压缩机的缸盖上安装有温度传感器,悬架控制单元要根据压缩机的运行时间和温度信号计算出压缩机的最高允许温度,并在超过某个界限值时关闭压缩机或不让压缩机接通,避免压缩机过热。

空气悬架空气供给系统如图4-1-4所示;空气压缩机结构如图4-1-5所示。

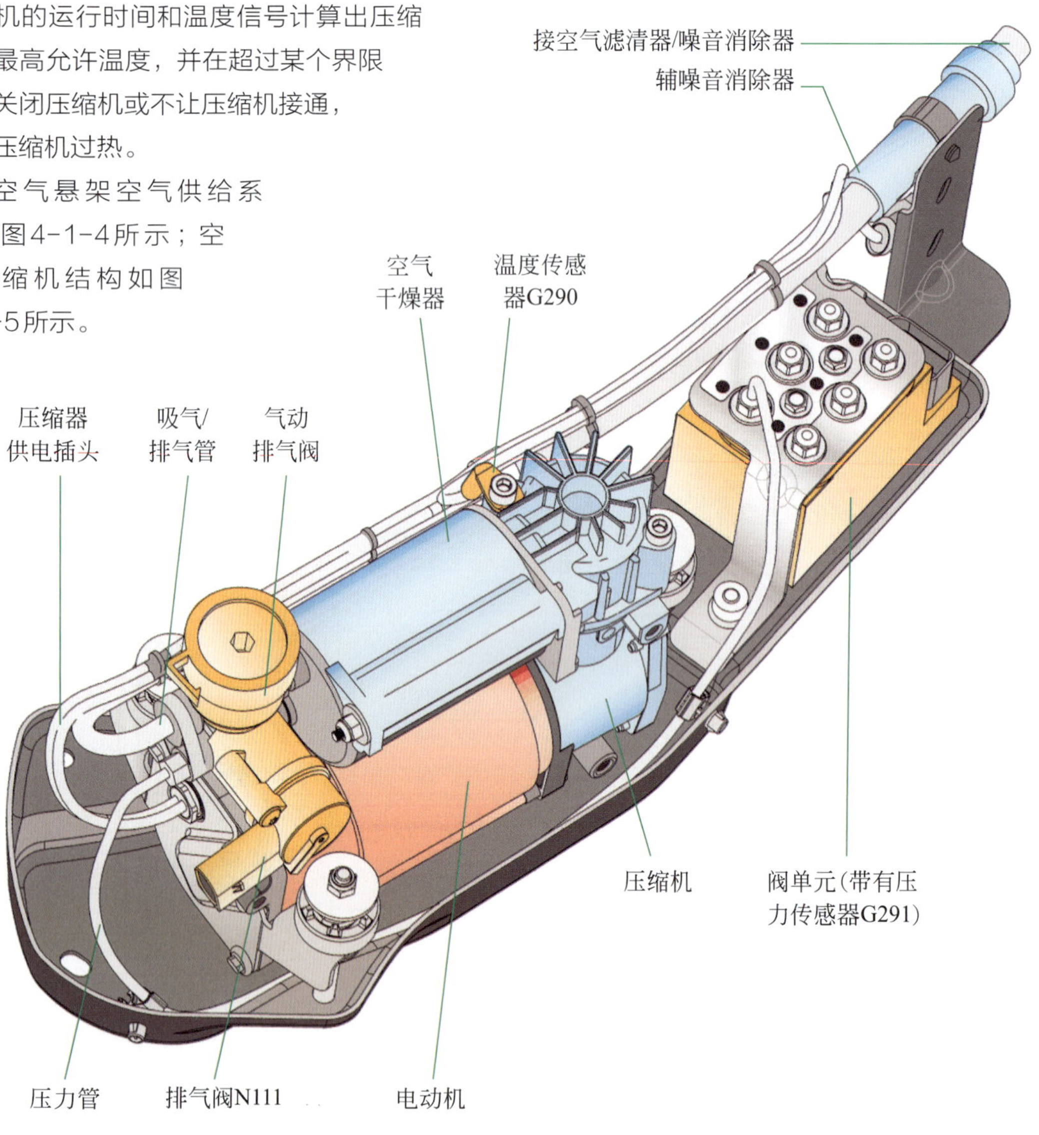

图4-1-4 空气悬架空气供给系统

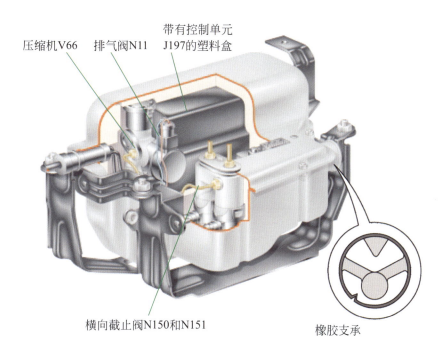

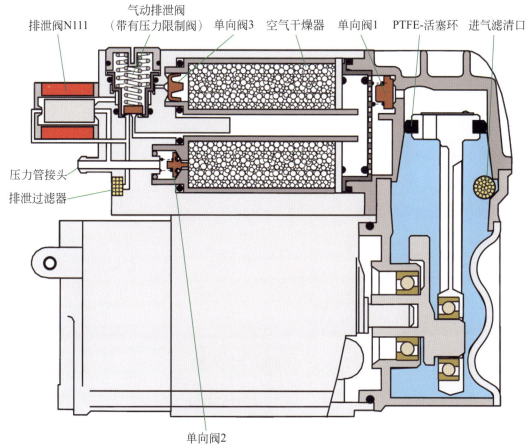

图 4-1-5 空气压缩机结构

如图4-1-6所示,水平传感器均为转向角传感器,借助一个连杆机构可将车身水平变化转换为角度变化,为非接触式传感器,利用感应原理。

这类水平传感器有一个特点:可产生两个不同的且与转角成比例的输出信号。这个特点使得这种传感器既可用于空气悬架,也可用于大灯照程调节。其中一个输出信号提供一个与角度成比例的电压(用于大灯照程调节),另一个输出信号提供一个与角度成比例的PWM信号(用于空气悬架)。

这四个水平传感器结构是相同的,只是支架和联杆根据左右和车桥的不同而有所不同。左、右传感器臂的偏转方向是相反的,所以输出的信号也是相反的。例如,车身一侧的传感器输出信号在空气悬架压缩时如果是增大的话,那么在车身另一侧该输出信号则是减小的。

水平传感器(转角传感器)主要是由定子和转子组成。定子由多层电路板构成,电路板上有励磁线圈、三个接收线圈以及控制/分析电子装置。这三个接收线圈布置成多角星形,相位是彼此错开的。励磁线圈装在电路板的背面。

转子由一个封闭的线匣构成,线匣上连着传感器臂(匣与传感器臂一同转动)。线匣的形状与接收线圈的形状是一样的。

交变电流流过励磁线圈,于是就产生了一

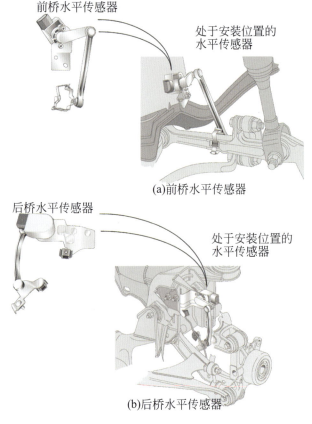

(a)前桥水平传感器

(b)后桥水平传感器

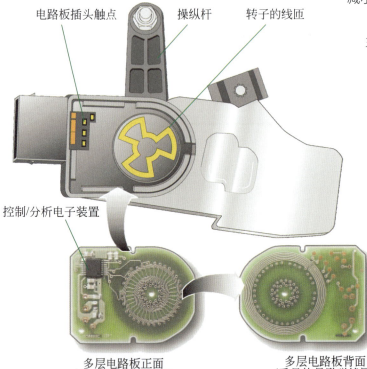

(c)转角传感器结构图

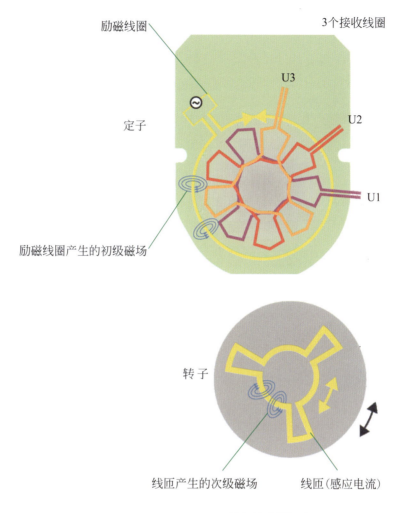

(d)转角传感器组成图

图4-1-6 车辆水平传感器

个交变电磁场,其电磁感应会穿过转子。

转子中感应出的电流又会在线匝(转子)周围感应出一个次级交变磁场。

这两个交变磁场(分别由励磁线圈和转子产生的)共同作用在接收线圈上,在接收线圈内感应出交流电压。

转子中的感应与角度位置无关,但接收线圈的感应取决于它与转子之间的距离和其角度位置。

由于角度位置不同,转子与接收线圈的重合度就不同,因而对应于角度位置的感应电压幅值也就不同。

电子分析装置会对接收线圈的交变电压进行整流并放大,并使得三个接收线圈的输出电压成比例(相对比例测量)。

在分析完电压后,分析结果转化成水平传感器的输出信号,送至控制单元做进一步处理。

4.2 电动机械转向系统（电控助力转向）

4.2.1 基本原理

（1）基本结构

与液压转向机构相比，电动机械式助力转向机构能节

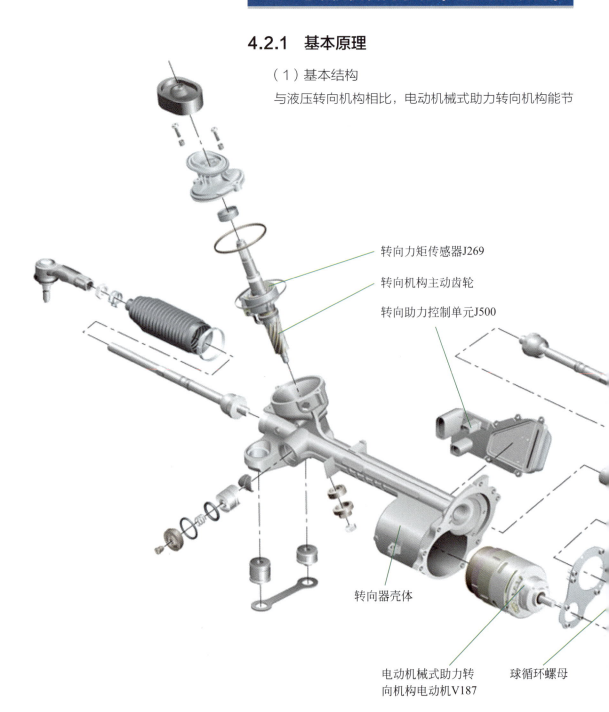

转向力矩传感器J269
转向机构主动齿轮
转向助力控制单元J500

转向器壳体

电动机械式助力转向机构电动机V187

球循环螺母

图4-2-1 电控助力转向系统组成分解

省的燃油消耗量最多可达0.2L/100km。

循环球转向器用与齿条平行布置的电机和皮带来驱动。由于这个力或者说驱动力矩不需要换向，所以称之为"平行轴传动"。电控助力转向系统组成分解如图4-2-1所示。

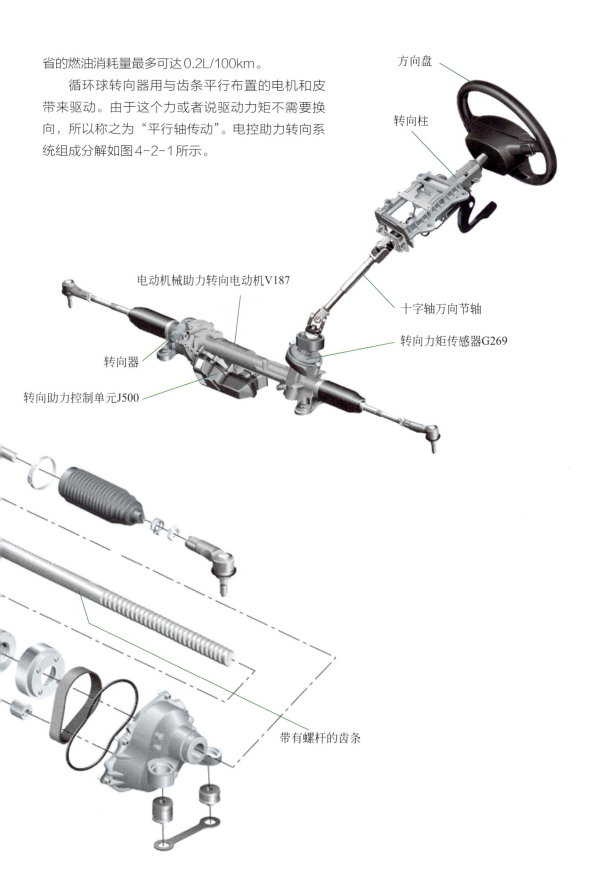

（2）各工况下转向原理

● 转向过程的作用如图4-2-2（a）所示。

① 驾驶员打方向盘时，转向支持开始。

② 由于方向盘上转矩的作用，转向器中的转矩杆转动。转向转矩传感器G269探测转矩杆的转动，并将探测到的转向转矩传递给控制单元J500。

③ 转向角度传感器G85通知当前转向角度，而转子转速传感器通知当前转向速度。

④ 控制单元根据转向转矩、车速、发动机转速、转向角度、转向速度和控制单元中的特性曲线计算出必需的支持转矩，并且启动电机。

⑤ 由第二个平行作用于齿条的小齿轮来进行转向支持。小齿轮的传动由电动机来进行。电动机通过一个蜗轮传动装置和一个传动小齿轮将转向支持力传递到齿条上。

⑥ 方向盘上的转矩和支持转矩的总合就是转向器上的有效转矩，由该转矩来传动齿条。

● 驻车时的转向过程如图4-2-2（b）所示。

① 驻车时，驾驶员用力打方向盘。

② 扭转杆因此转动。转向转矩传感器G269探测扭转杆的转动并通知控制单元J500，方向盘上有一个很大的转向转矩。

③ 转向角度传感器G85通知当前的转向角度，而转子转速传感器通知当前转向速度。

④ 根据很大的转向转矩、0km/h的车速、发动机转速、大的转向角度、转向速度和控制单元中的特性曲线（车速为0km/h的特性曲线），控制单元获悉必须产生一个大的支持转矩，继而启动

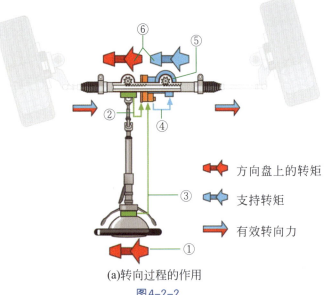

(a)转向过程的作用

图4-2-2

(b)驻车时的转向过程

图4-2-2

电机。

⑤ 驻车时，通过第二个平行作用于齿条的小齿轮来达到最大转向支持。

⑥ 方向盘上转矩和最大支持转矩的总和就是转向器上的有效转矩，在该转矩的作用下，齿条移动。

- 市区行驶时的转向过程如图4-2-2（c）所示。

① 市区行驶时，驾驶员在转弯时打方向盘。

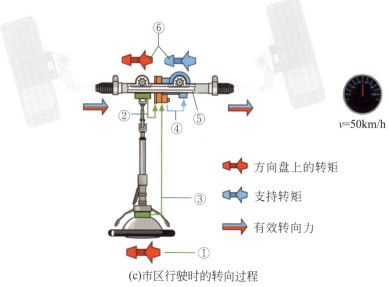

(c)市区行驶时的转向过程

图4-2-2

② 转矩杆转动。转向转矩传感器G269获悉扭转杆转动，并通知控制单元J500，方向盘上有一个中等的转向转矩。

③ 转向角度传感器G85通知这个中等的转向转矩，而转子转速传感器通知当前转向速度。

④ 根据中等的转向转矩、50km/h的车速、发动机转速、中等的转向角度、转向速度以及控制单元中的特性曲线（车速为50km/h的特性曲线），控制单元获悉必须产生一个中等的支持转矩，继而启动电机。

⑤ 转弯时，由第二个平行作用于齿条的小齿轮来进行中等的转向支持。

⑥ 方向盘上转矩和中等支持转矩的总和就是转向器上的有效转矩，通过该转矩传动齿条（市区行驶转弯时）。

- 高速公路行驶时的转向过程如图4-2-2（d）所示。

① 换车道时，驾驶员轻打方向盘。

② 扭转杆因此转动。转向转矩传感器G269获悉扭转杆转动并通知控制单元J500，方向盘上有一个小的转矩。

③ 转子转速传感器通知当前转向速度。

④ 根据小的转向转矩、100km/h的车速、发动机转

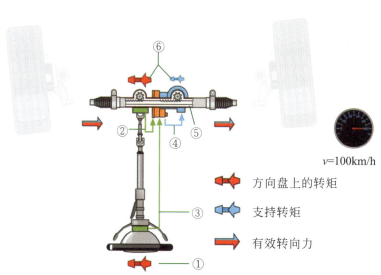

(d)高速公路行驶时的转向过程

图4-2-2

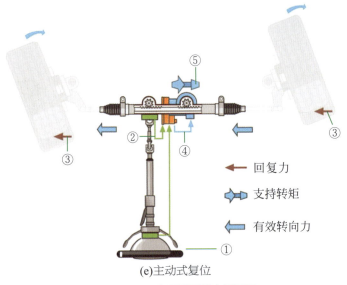

(e)主动式复位

→ 回复力
→ 支持转矩
→ 有效转向力

图4-2-2 各工况下转向原理图

速、小的转向角度、转向速度及控制单元中的特性曲线（100km/h车速的特性曲线），控制单元获悉必须有一个小的支撑转矩或无需支持转矩，继而启动电机。

⑤高速公路行驶时，由第二个平行作用于齿条的小齿轮来进行一个小的转向支持，或者不进行转向支持。

⑥方向盘上转矩加上最小支持转矩就是换车道时的有效转矩，该转矩传动齿条。

● 主动式复位如图4-2-2（e）所示。

① 弯道行驶时，如果驾驶员降低了转向转矩，扭转杆的张力松开。

② 根据降低的转向转矩、转向角度和转向速度可以计算出一个理论复位速度。将这个理论复位速度与转向角速度进行比较，可以算出复位转矩。

③ 由于车桥的几何构造，转向车轮上产生复位力。由于转向系统和车桥中的摩擦，复位力常常太小，不足以使车轮重新回到直线行驶状态。

④ 通过分析车速、发动机转速、转向角度、转向速度及控制单元中的特性曲线，控制单元计算出电机必须提供多大的转矩，才能使车轮复位成功。

⑤ 控制单元启动电机，这样车轮就回到了直线行驶。

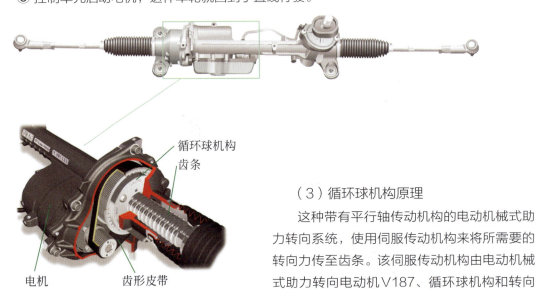

循环球机构
齿条
电机
齿形皮带

图4-2-3 转向器伺服传动机构

（3）循环球机构原理

这种带有平行轴传动机构的电动机械式助力转向系统，使用伺服传动机构来将所需要的转向力传至齿条。该伺服传动机构由电动机械式助力转向电动机V187、循环球机构和转向助力控制单元组成。如图4-2-3所示。

这种助力转向系统的转向器是全新开发的。通过循环球机构来将电动机的转动转换成纵向运动并传至齿条。

电机与齿条是平行布置的，电机的转动经齿形皮带传至循环球机构上。

该转向器的核心部件是循环球螺母，该螺母与壳体是刚性连接的，包住了此区域处设计成螺杆形的齿条。

这个循环球机构在结构上表现出的特色，体现在循环球螺母内的球循环通道。如图4-2-4所示。

根据需要的转向方向情况，循环球螺母顺时针或者逆时针转动。由于此区域处的齿条设计成螺杆形了，循环球螺母的转动就会推动齿条向需要的方向移动。如图4-2-5所示。

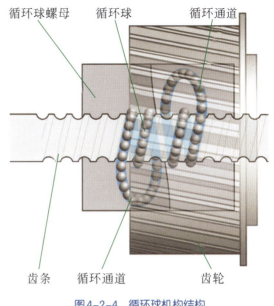

图4-2-4 循环球机构结构

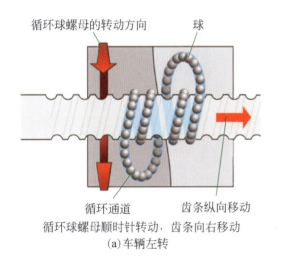 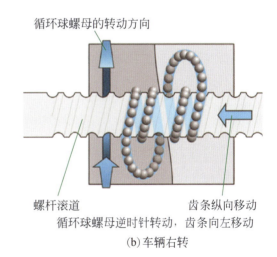

图4-2-5 工作过程图

随着循环球螺母的转动，球就进入了齿条的螺杆滚道内。在循环球螺母的转动中，这些球经循环通道又回到了原始位置。我们在本例中将就五种不同时刻的情形、循环球螺母按顺时针转动，来详细说明一对球的路径情况。循环球螺母有两个彼此独立的循环系统（都带有球和循环通道），这两个循环系统呈镜像对称布置。循环通道是必须要有的，否则这些球就会运动到止点位置，那么转向系统就卡死了。如图4-2-6所示。

情形 1
球 1 从循环通道中出来并向下进入到螺杆滚道内，球 2 从循环通道中出来并向上进入到螺杆滚道内（图中看不见，在后面）。

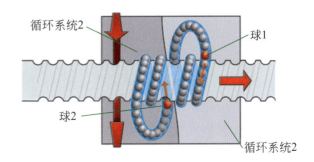

情形 2
球 1 向上进入到螺杆滚道内（图中看不见，在后面），球 2 向下进入到螺杆滚道内。

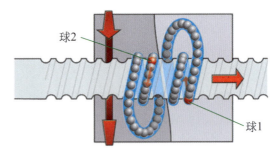

情形 3
球 1 向下进入到螺杆滚道内，球 2 向上进入到螺杆滚道内（图中看不见，在后面）。

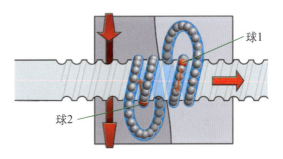

情形 4
球 1 向上进入到螺杆滚道内（图中看不见，在后面），球 2 向下进入到螺杆滚道内。

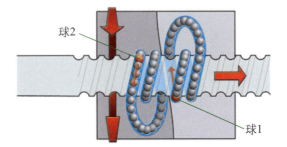

情形 5
两个球经循环通道回到各自循环系统的原始位置。因此循环球螺母可以在一个螺杆滚道上转动，将螺杆继续向侧面推动。

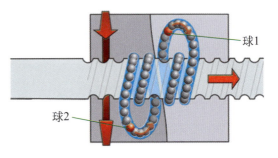

图 4-2-6　工作过程情景

4.2.2 奥迪A7电动机械式转向系统

奥迪A7 Sportback（掀背轿跑车）转向系统最主要的创新在于采用了电动机械式转向机。Servotronic（电控助力转向）这个功能也就成了标准配置了。转向柱在基本装备的情况下是机械可调的，也提供电动调节转向柱，这是选装装备。在标准配置中，车辆使用的是四辐式多功能方向盘。选装装备中则可以选用多种不同型号的三辐式多功能运动方向盘。如图4-2-7所示。

奥迪A7 Sportback（掀背轿跑车）上使用的是新一代电动机械式转向系统，其基本功能是通过一个与齿条同心的电机来实现转向助力。之所以选用了这种结构，是因为它占用空间小、效率高。齿条、电机和传动机构之间是通过滚珠丝杠来驱动的。电子控制单元和相关传感器都集成在一个小巧的结构单元内。如图4-2-8所示。

图4-2-7 转向系统一览

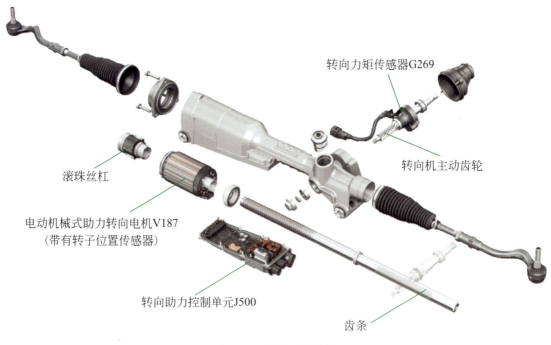

图4-2-8 转向系统结构

标注：转向力矩传感器G269、转向机主动齿轮、滚珠丝杠、电动机械式助力转向电机V187（带有转子位置传感器）、转向助力控制单元J500、齿条

因此，整个系统的质量只有约16kg。由于是采用电动机械方式来产生的转向助力，因此燃油消耗量最多可降低0.3L/100km。另一个好处是可以实现"按实际需要来改变助力大小"这个功能。

（1）转向助力控制单元

该控制单元根据转子位置和转向力矩这些信息来确定出相电压的状态模型。由此而设定的相电流就会让电机产生出转矩，转矩大小取决于电流强度。

这些匹配关系是存储在控制单元内的，该控制单元通过FlexRay-数据总线（该总线在奥迪 A8 2010款上就已经采用了）来进行通信。该控制单元内还集成有用于激活电机的末级功放。如图4-2-9所示。

(a)转向助力控制单元J500俯视图

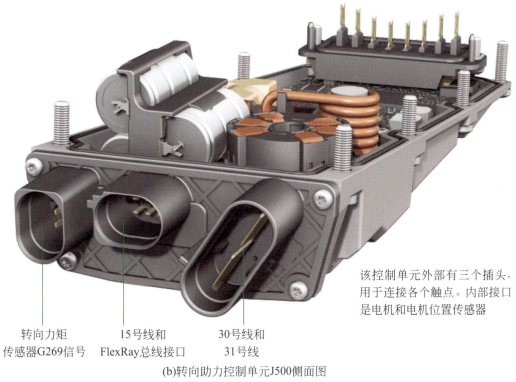

该控制单元外部有三个插头，用于连接各个触点。内部接口是电机和电机位置传感器

转向力矩传感器G269信号　　15号线和FlexRay总线接口　　30号线和31号线

(b)转向助力控制单元J500侧面图

图4-2-9　转向助力控制单元J500

（2）电动机械式助力转向电机V187

该电机用于产生转向助力所需要的力矩，使用的是一个永久励磁式三相交流同步电机。使用这种结构的电机，是因为它有几个很根本的优势。同步电机体积小、功率大。由于采用永久励磁方式，因此省去了用于将励磁电流送往转子的滑环。控制单元会计算出所需要的相电压，并通过末级功放接通定子线圈。定子由12个励磁线圈构成。每四个线圈串联在一起，通上正弦曲线的电流。三股电流彼此间的相位是错开的。由此产生三个磁场，这三个磁场合在一起又产生一个旋转磁场，于是转子才会进行同步转动。

转子带有10个永久磁铁，这些磁铁的北极和南极是交互布置的，转子呈空心轴结构，放在齿条上。如图4-2-10所示。

转子　　定子

图4-2-10　电动机械式助力转向电机V187

4.3 主动转向系统

G11/G12的标准转向系统为采用标准齿条几何形状的传统电动机械式助力转向系统（12V）。如图4-3-1所示。

现在选装配置Integral主动转向系统不再采用带叠加减速器的主动转向系统，而是被带可变齿条的电动机械式助力转向系统（运动型转向系统）和后桥侧偏角控制系统HSR所取代。根据车辆前端车桥负荷，在前桥上使用一个12V或一个24V转向系统。后桥侧偏角控制系统HSR基本上以12V电压工作。如图4-3-2所示。

固定在后桥上的后桥侧偏角控制系统HSR可实现最大±3°的后车轮转向角。因此与不带后桥侧偏角控制系统HSR的车辆相比，可使转弯直径减小约1m。后桥侧偏角控制系统可在约5km/h至最高车速范围内执行功能。如图4-3-3所示。

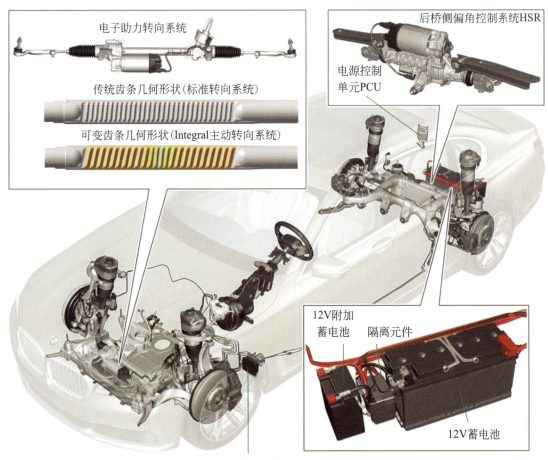

图4-3-1 转向系统概览

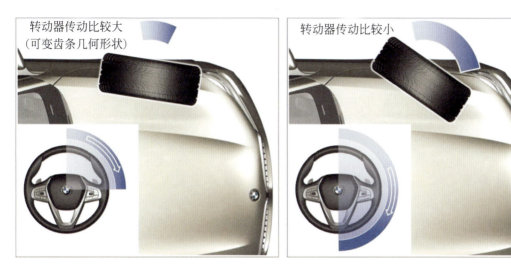

图4-3-2　前桥Integral主动转向系统转向角

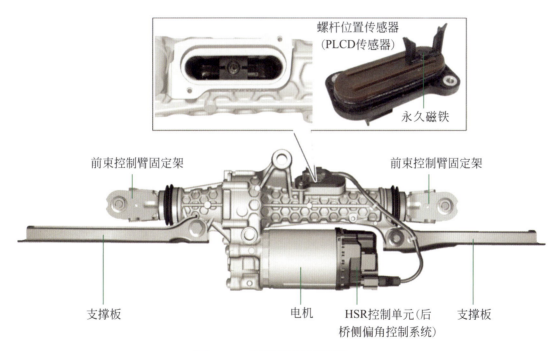

图4-3-3　后桥侧偏角控制系统HSR

在不超过约60km/h的车速范围内，后桥侧偏角控制系统HSR朝与前桥转向系统转向角相反方向转向，这样可提高车辆的转弯性能。

超过约60km/h的车速后，后桥侧偏角控制系统HSR朝相同方向转向，这样可使车辆保持直线行驶，如图4-3-4所示。

(a)相反方向转向　　　　　　　　(b)相同方向转向

图 4-3-4　Integral 主动转向系统运行策略

（1）转弯行驶时的行驶动力调节

如图 4-3-5 所示，快速更换车道时，所有车辆都有明显的横摆趋势且可能导致过度转向。动态稳定控制系统 DSC 识别出驾驶员指令与车辆响应间存在偏差时，就会通过进行后桥转向干预稳定车辆。这种快速稳定干预几乎不会让驾驶员有所察觉。在很大程度上可不再进行时间滞后的 DSC 制动干预。因此车辆更加稳定且行驶动力保持不变。

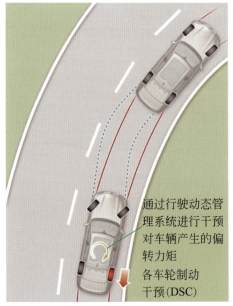
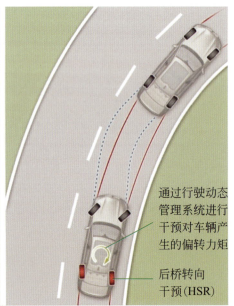

(a)通过各车轮制动干预避免不足转向(DSC)　(b)通过进行后桥转向干预避免不足转向(HSR)

---- 不足转向车辆的行驶路线　　　—— 中性行驶特性车辆的行驶路线

图 4-3-5　转弯行驶时 DSC 或 Integral 主动转向系统可能进行的行驶动态干预

如果驾驶员在快速行驶时低估了转弯曲率，可能会由于突然出现的不足转向而感到意外。后桥侧偏角控制系统HSR在不足转向行驶情况下也可进行校正干预从而进一步提高主动安全性。

（2）在不同路面上的行驶动力调节

在单侧光滑路面上紧急制动时，车辆可能会向路面附着力较高的一侧偏转。紧急制动时，传统车辆的驾驶员必须进行校正干预。在附着系数不同的路面上制动时，动态稳定控制系统DSC通过进行后桥转向干预调节起到稳定作用的偏转力矩。

不带DSC的车辆制动时，在干燥路面侧可以获得最大制动力，在湿滑或结冰路面侧只能获得较小制动力。在此产生逆时针偏转力矩，可能会导致车辆向右甩尾。如图4-3-6（a）所示。

带DSC的车辆制动时，给车轮分配制动力时会使作用于车辆的偏转力矩减小。因此车辆仍然保持良好可控性。制动距离可能会稍有延长。如图4-3-6（b）所示。

带DSC和后桥侧偏角控制系统HSR（选装配置Integral主动转向系统SA 2VH）的车辆制动时，DSC控制单元计算出后车轮转向角。后桥侧偏角控制系统HSR的执行机构将转向角计算值转化为两个后车轮的主动车轮转向角。借助由此产生的稳定性偏转力矩可施加最大制动力实现最短制动距离。通过转向干预与制动干预的完美配合可提高主动行驶安全性和车辆行驶动力性。如图4-3-6（c）所示。

(a)不带DSC的车辆

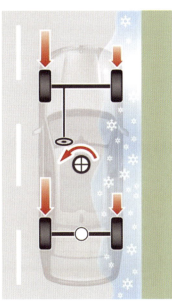
(b)带DSC的车辆

(c)带DSC和后桥侧偏角控制系统HSR的车辆

图4-3-6　带不同行驶动态管理系统时，在附着系数不同的路面上制动

4.4 Executive Drive Pro（主动防侧倾）

为在确保较高行驶舒适性的同时实现完美行驶动力性，选装配置底盘套件"Executive Drive Pro（主动防侧倾）"的不同行驶动态协调控制系统相互联网。通过很多传感器读取垂直动态管理平台VDP控制单元的信息并将相应控制指令发送给不同执行机构。在此会尽早识别出前方的不平路面和障碍物并采取适当应对措施。图4-4-1提供了整个系统的概览。选装配置底盘套件"Executive Drive Pro"包含以下附加组件：所有四个车轮托架上的车轮加速度传感器、

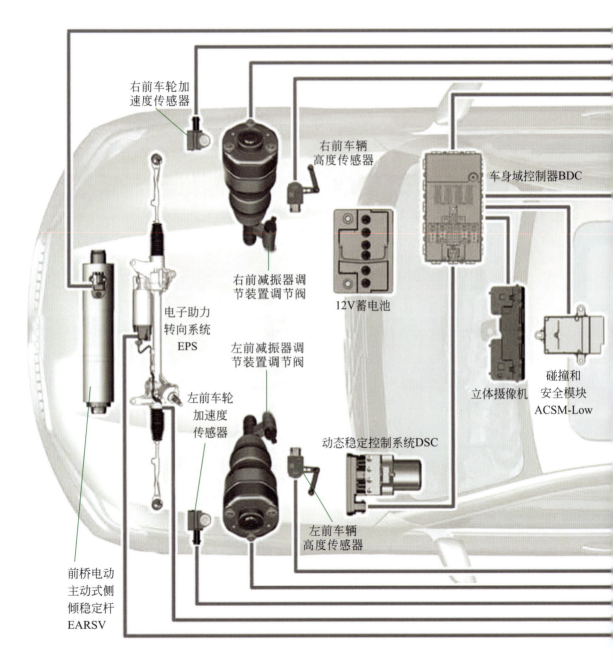

前桥和后桥电动主动式稳定杆、一个附加12V蓄电池和一个DC/DC转换器、风挡玻璃内的一个立体摄像机。

选装底盘套件"Executive Drive Pro（主动防侧倾）"时使用车轮加速度传感器，可实现电动主动式侧倾稳定杆EARS更精准的干扰参数调节，避免在不平路面上从一个车轮到另一个车轮进行所谓的"复制"过程。通过车轮加速度传感器探测车轮移动并通过车辆高度传感器探测车身移动，可实现电子减振器控制系统EDC的精准调节。对两种信息进行处理可实现简化型碰撞和安全模块控制单元型号（ACSM-Low）的使用。

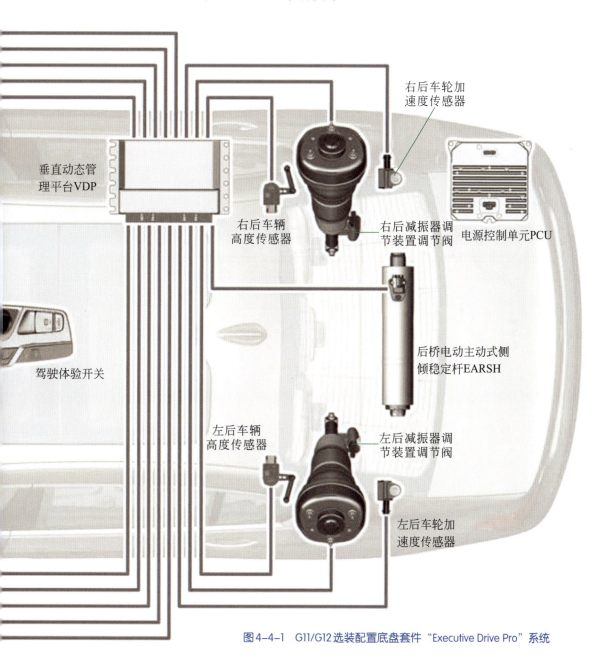

图4-4-1　G11/G12选装配置底盘套件"Executive Drive Pro"系统

作为全球首开先河的汽车制造商,宝马用电动主动式稳定杆取代了之前所用的液压主动式稳定杆。选装配置"Executive Drive Pro(主动防侧倾)"内的电动主动式稳定杆通过有针对性地利用一个电动机向各个稳定杆部分施加机械力矩可减少转弯行驶时的车身侧倾。图4-4-2以示意图形式对主动式液压稳定杆和主动式电动稳定杆进行了系统比较。

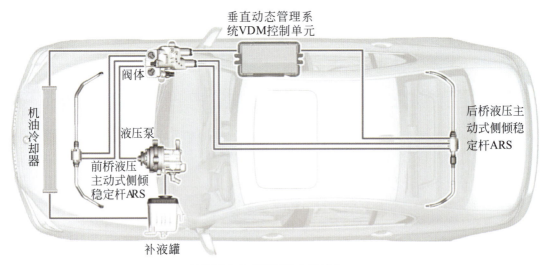

(a)液压主动式侧倾稳定杆ARS

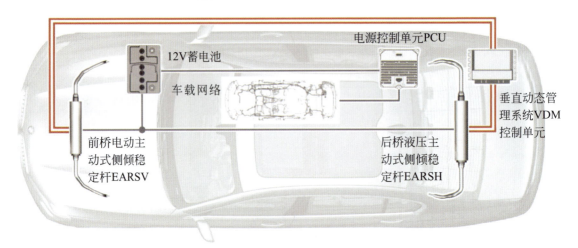

(b)电动主动式侧倾稳定杆EARS

图4-4-2　液压主动式稳定杆和电动主动式稳定杆的系统比较

主动式稳定杆电气化具有以下优点:便于集成到"全混合动力"传动系内,可在纯电动行驶期间进行主动式侧倾稳定;便于在直线行驶期间分离两个稳定杆部分,可通过避免"复制"路面干扰改善行驶舒适性;提高效率,只在调节过程期间需要能量,无需像液压系统那样持续保留能量;施加在稳定杆内电机上的复位力可部分转化为电流并输送回车载网络。

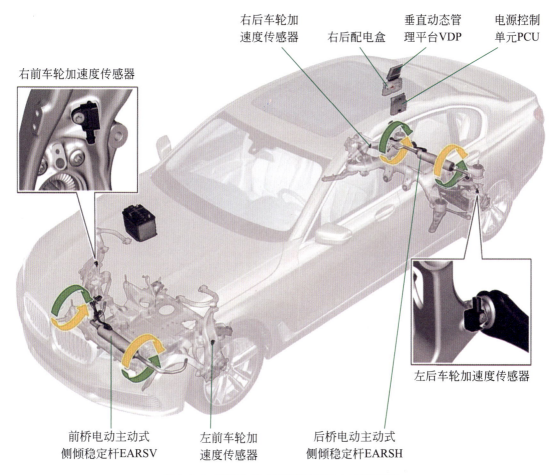

图4-4-3 电动主动式侧倾稳定杆EARS系统概览

主要体现在提高行驶舒适性方面的一个特殊优势是可避免所谓的"复制"过程。在直线行驶受到路面激励时,可使电动主动式侧倾稳定杆左右两侧几乎分离,从而基本上避免复制振动。因此电动主动式稳定杆可弥补传统稳定杆的不足之处。计算以下参数主要用于控制电动主动式稳定杆:当前横向和纵向加速度、车速、转向角、车轮加速度、车辆高度。通过快速处理数据和控制电动主动式侧倾稳定杆EARS可迅速抵消出现的侧倾力矩(M_w)。电动主动式侧倾稳定杆EARS系统概览如图4-4-3所示。

4.5 轮胎失压识别系统

4.5.1 轮胎失压显示RPA系统

轮胎失压显示RPA是用于间接测量不同轮胎充气压力的系统。在此并非测量实际轮胎充气压力,而是通过车轮转速传感器持续监控所有车轮的滚动周长。轮胎压力下降时,相应车轮的转角速度会发生变化。车轮转速传感器可对其进行探测并向动态稳定控制系统DSC发送相关信号。车速超过25km/h和压力下降约30%时，系统会发出警告。在此通过组合仪表内的一个指示灯以及中央信息显示屏CID内的文本信息向驾驶员发出警告。如图4-5-1所示。

轮胎充气压力发生变化或更换车轮时必须重新进行系统初始化。可通过控制器在中央信息显示屏CID内进行初始化。

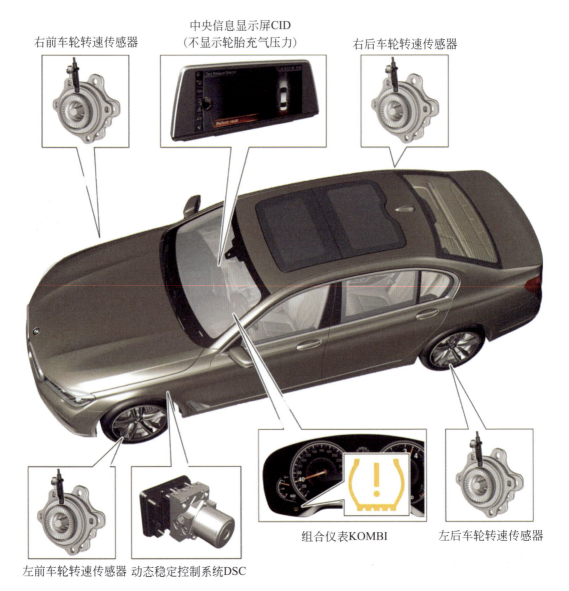

图4-5-1 轮胎失压显示RPA系统

4.5.2 轮胎失压监控系统

G11/G12采用已通过F15为大家所熟知的RDCi。RDCi是一个直接测量系统，通过各车轮的车轮电子装置确定实际轮胎充气压力。与 RDC low 不同，RDCi 无需单独的 RDC 控制单元。RDCi 功能集成在动态稳定控制系统 DSC 控制单元内。使用遥控信号接收器作为所有车轮电子装置发送记录的接收装置，它通过数据总线将相关信息发送至 DSC 控制单元。如图 4-5-2 所示。

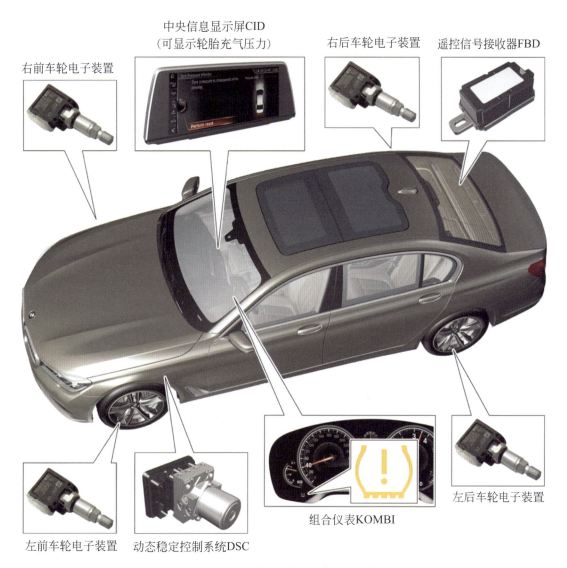

图 4-5-2　轮胎压力监控系统 RDCi 概览

之前的 RDCi 系统由 Continental 公司提供。G11/G12 所用 RDCi 的系统供应商是 Schrader 公司。为了确保系统正常运行，必须只能使用 Schrader 公司的车轮电子装置。因使用其他制造商的车轮电子装置出现功能故障时，不承担任何责任。G11/G12 调整了对车轮电子装置进行自适应前，车辆所需要静止等待的时间。之前在配备 RDCi 的车辆上不论总线端状态如何都需要根据情况静止至少 8min，DSC 控制单元才会接受新车轮电子装置的 ID。

第 5 章
汽车电气系统新技术

- 5.1 独立空调
- 5.2 LED 大灯
- 5.3 随动大灯
- 5.4 远光灯辅助系统

5.1 独立空调

以3/2区IHKA（自动恒温空调）为例对区域划分进行说明。第一个数字表示不同温度区，此为整个乘员区可进行三种不同设置。数字2表示不同空气量调节方式，此为整个乘员区可进行两种调节。如图5-1-1～图5-1-3所示。

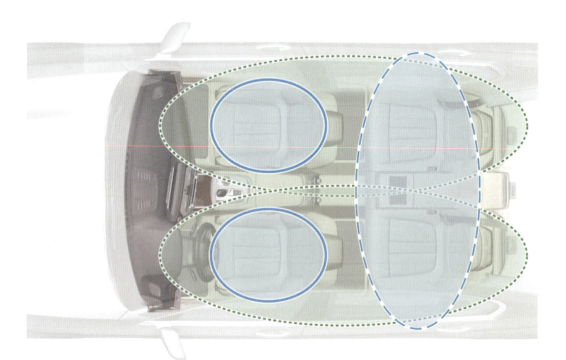

------ 驾驶员侧/前乘客侧空气量调节

—— 驾驶员侧/前乘客温度调节

------ 后座区温度调节，仅限分层

图5-1-1　3/2区IHKA概览

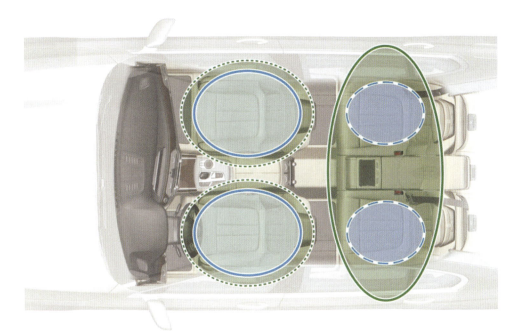

----- 驾驶员侧/前乘客侧空气量调节　　——— 后座区空气量调节
——— 驾驶员侧/前乘客侧温度调节　　----- 后座区左侧/右侧温度调节

图 5-1-2　4/3 区 IHKA 概览

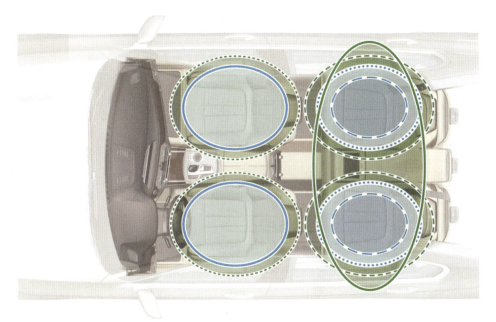

----- 驾驶员侧/前乘客侧空气量调节　　······ 车顶后部空调系统温度调节
——— 驾驶员侧/前乘客侧温度调节　　– – 后座区左侧/右侧温度调节
----- 车顶左侧/右侧、后部空调系统空气量调节　　——— 后座区空气量调节

图 5-1-3　6/5 区 IHKA 概览

以6/5区IHKA为例，图5-1-4展示了车上各组件的安装位置。在此使用车内暖风冷却液循环回路。根据发动机型号，管路铺设方式有所不同。横截面也随发动机相应调整。在所有车型上包括左侧驾驶型车辆上，冷却液管路和制冷剂管路始终在车辆左侧通过侧围板引入车内。

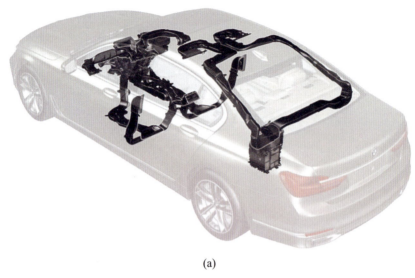

(a)

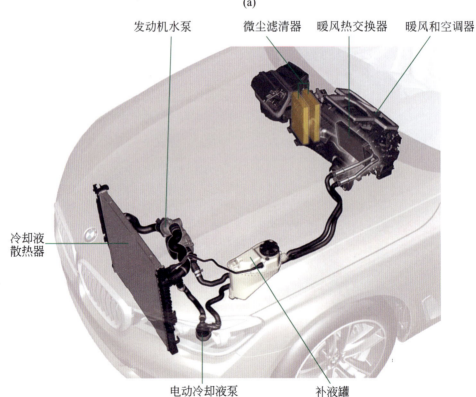

(b)

图5-1-4　6/5区IHKA概览

为了使用新型制冷剂R1234yf，所有车辆上在发动机室内左侧安装有加注接口。制冷剂管路和冷却液管路均在此处通过。制冷剂循环回路如图5-1-5所示。

3/2区空调系统是G11/G12的标准配置。可对驾驶员、前乘客以及后座区三个不同温度区进行设置。只能由驾驶员和前乘客调节空气量。通过大家熟知的旋转式调节器分别针对驾驶员和前乘客实现分层功能。可通过前部IHKA操作面板上的"SYNC"按钮将当前驾驶员设置移到前乘客侧。

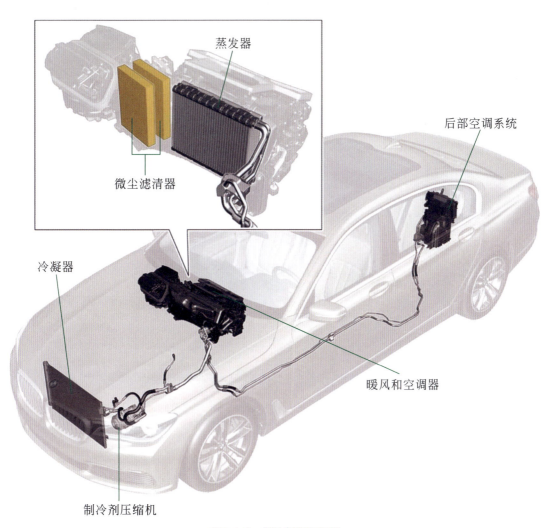

图5-1-5 制冷剂循环回路

5.2 LED大灯

丰田2008款雷克萨斯LS600Ch是率先部分应用LED前照灯的车型。随后AudiR8车型又推出了全LED前照灯，第一时间使LED前照灯所有功能变成现实。奥迪车型LED大灯和行车灯结构分别如图5-2-1和图5-2-2所示。在灯具结构造型方面，由于LED光源体积非常小，使灯内布局更随意，LED可采用多光源组合形式，这将完全改变汽车前照灯的形状和布置方式。

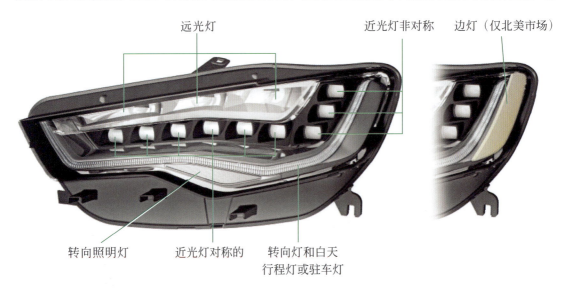

图5-2-1 LED大灯

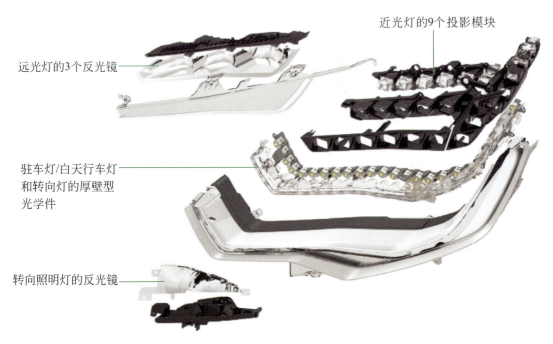

图5-2-2 行车灯

5.3 随动大灯

（1）功能

动态随动转向灯系统通过集成电动机横向转动近光灯灯泡。动态随动转向灯在弯道内侧边的转动角度约为15°，在弯道外侧边的转动角度为7.5°，如图5-3-1所示。

不同的转动角度使得转弯道的照明度更好。弯道内侧边的模块转动角度是弯道外侧边模块转动角度的2倍。因此，达到了最大的照明广度，并且灯光分布均匀。

（2）汽车静止时车灯不转动

行驶速度低于10km/h时，车灯灯泡模块不会转动。行驶速度高于10km/h时，车灯转动角度基本取决于弯道半径。因此，符合法律中有关在汽车静止时大灯不可转动的规定。此外，在汽车起步时大灯会略微转动。

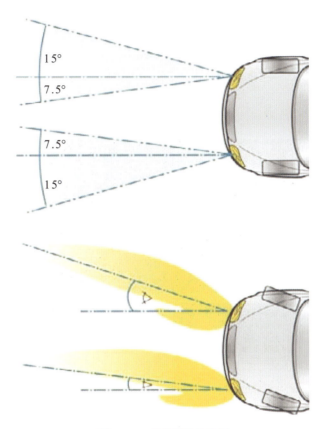

图5-3-1　动态随动转向灯

（3）照明范围

图5-3-2清楚地显示了在汽车转弯时道路照明范围的改进。深色锥形光束代表了常规近光灯的照明范围。常规近光灯仅照亮了行驶车道的A区，大部分光束照射在了道路旁边。淡色锥形光束显示了动态随动转向灯的照明范围，它能同时照亮行驶车道的B区。

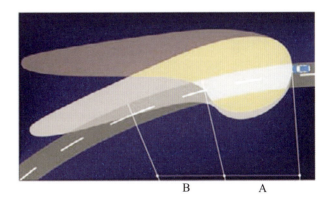

图5-3-2　照明范围

近光灯　静态随动转向灯

图5-3-3　照明范围

静态随动转向灯是在车外清晰可见的一项创新。这一功能通过在大灯内加装一个反光器得以实现。如图5-3-3所示。

图5-3-4　照明范围比较图（一）

图5-3-3显示了常规大灯近光灯在汽车转弯时的照明范围；图5-3-4、图5-3-5为增加静态随动转向灯后的照明范围。显而易见，改进的照明功能提高了安全性。静态随动转向灯仅与大灯近光灯一同工作。

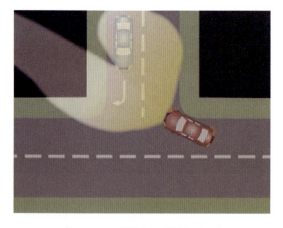

图5-3-5　照明范围比较图（二）

在车速≤50km/h时，反光器内的卤素灯泡将会视具体情况点亮。这能帮助驾驶员提前注意其他行驶车辆或路障。静态随动转向灯通过调整亮度打开和关闭。

具备随动转向灯功能的大灯带四个灯泡：气体放电灯灯泡（用于近光灯、远光灯和动态随动转向灯）、静态随动转向灯灯泡、转向灯灯泡以及侧灯灯泡。如图5-3-6所示。

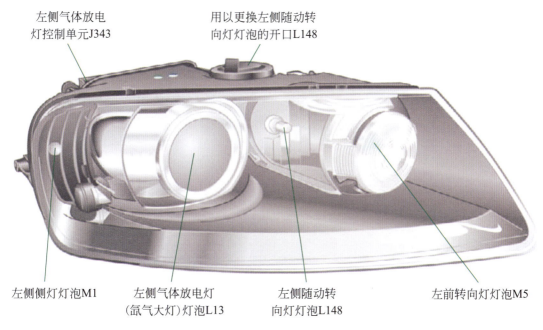

图5-3-6 前大灯总成

J667左侧大灯电源模块与J668右侧大灯电源模块均位于大灯模块底部。如图5-3-7所示。

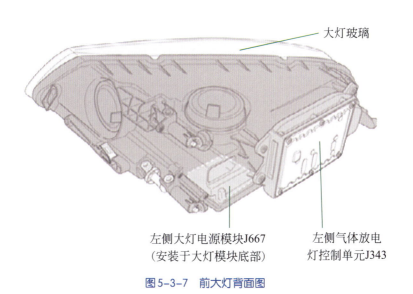

图5-3-7 前大灯背面图

动态随动转向灯的模块总成与常规双氙气灯的模块总成十分相似。灯泡模块包括近光灯与远光灯，安装于转动框架的轴承上以便横向转动。此外，灯泡模块还包含一个伺服电机与传感器。传感器用于识别转动角度。如图5-3-8所示。气体放电灯灯泡可插入后侧的底座中。打开底座盖可更换气体放电灯灯泡。

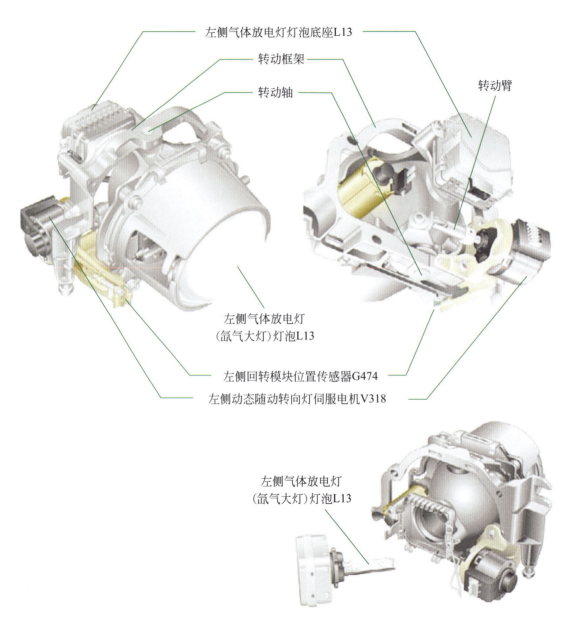

图5-3-8 动态随动转向灯总成

5.4 远光灯辅助系统

远光灯辅助系统可以在黑暗中行车时最大程度地延长远光灯的接通时间，只有当对面车辆以及周围环境条件要求时才会切换到近光灯。在远光灯有可能会造成其他道路使用者眩目之前，远光灯就及时地切换到近光灯了。驾驶员无须频繁地接通以及关闭远光灯，就能体会到视野更佳的好处了。如图5-4-1所示。

图5-4-1　远光灯辅助系统

远光灯辅助系统是奥迪公司推出的一种新型驾驶员辅助系统，将来奥迪系列所有车型都会将远光灯辅助系统作为选装装备来使用。

如果远光灯辅助系统的摄像头识别出对面来车了或者前面有车在行驶，那么大灯就会及时进行变光，从而避免出现眩目。如果被识别出的车辆又从远光灯辅助系统的探测范围中消失了，那么灯光也就自动变回到远光灯状态。如图5-4-2所示。

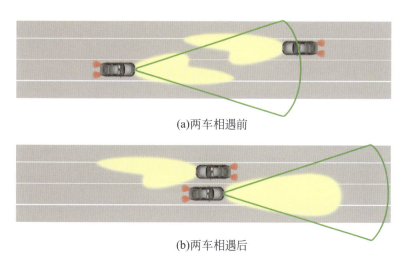

(a)两车相遇前

(b)两车相遇后

图5-4-2　远光灯辅助系统的功能图

远光灯辅助系统也能根据路灯照明情况来识别出城镇和街道，系统也可以相应地变光。

在本车离开城镇或街道后，会自动切换回远光灯。该系统的软件还可以识别出浓雾，这时也同样会使远光灯变光。远光灯辅助系统可以在黑暗中行车时最大程度地延长远光灯的接通时间，因此使得视野更佳。驾驶员的负担减轻了，也就可以把更多的注意力用于观察交通情况了。

远光灯辅助系统目前还只能与氙灯一起工作。但是该系统在以后是可以与卤素大灯一起来使用的。

远光灯辅助系统是一种驾驶员辅助系统，该系统可以在黑暗中行车时自动接通和关闭远光灯，从而为驾驶员提供帮助。当然，行车中合理使用远光灯仍是驾驶员义不容辞的责任。因此，即使已经激活了远光灯辅助系统，驾驶员也可以随时手动接通或关闭远光灯。

（1）接通后和关闭条件

① 接通远光灯。车灯开关处于AUTO（自动）状态，驾驶员向前推动远光灯拨杆激活系统。满足以下条件才能启动远光灯辅助系统。

- 摄像头监测到周围亮度已经低于某个预设的极限值。
- 雨水/光强度传感器的指示下已打开了近光灯。
- 车速高于60km/h。
- 未识别到前面有行驶的车辆，也未识别出对面来车。
- 未识别出城镇。

② 关闭远光灯。在下列情况下远光灯关闭。

- 识别到对向车道有车辆行驶。
- 行经城镇有足够的灯光亮度。
- 车速低于30km/h。
- 识别出有雾。

（2）激活远光灯辅助系统

要想激活远光灯辅助系统，灯开关必须在位置"AUTO"。向前轻推远光灯拨杆就可以激活远光灯辅助系统。在15号接线柱的每个工作循环中，必须重新激活远光灯辅助系统。

（3）关闭远光灯辅助系统

如果将灯开关转离位置"AUTO"，那么远光灯辅助系统就一直处于关闭状态。向前轻推远光灯拨杆就可以关闭远光灯辅助系统，直至再次向前轻推远光灯拨杆为止。如图5-4-3所示。

（4）取消远光灯辅助系统的功能

驾驶员在任何时候都可以取消远光灯辅助系统在工作时所做出的决定（远光灯接通或者关闭）。如果远光灯辅助系统已经接通了远光灯，那么驾驶员可以向后拉远光灯拨杆来关闭远光灯，那也就关闭了远光灯辅助系统。如果远光灯辅助系统只是接通了近光灯，那么驾驶员可以向前轻推远光灯拨杆来接通远光灯。同样，这也就关闭了远光灯辅助系统。

远光灯辅助系统的系统部件如图5-4-4所示。

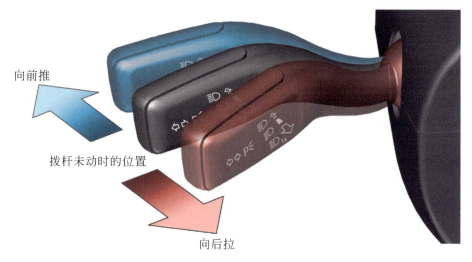

图5-4-3 系统的操纵图

图5-4-4 远光灯辅助系统的系统部件

第6章
汽车被动安全系统新技术

6.1 SRS被动安全系统

6.2 Audi pre sense预碰撞安全系统

6.1 SRS被动安全系统

6.1.1 系统组成图

SRS被动安全系统组成如图6-1-1、图6-1-2所示。SRS被动安全系统是目前车辆上使用最为广泛的安全保护系统,它与座椅安全带配合使用,可以为乘员提供有效的防撞保护。在汽车相撞时,汽车安全气囊可使头部受伤率减少25%,面部受伤率减少80%左右。安全气囊最早是由赫特里克于1953年8月提出,并获得了美国"汽车缓冲安全装置"专利。随着各国车辆安全标准的制定,安全气囊的装备率越来越高。欧洲及美、日等国家和地区汽车上的安全气囊的装备率已达到近100%。

被动安全系统主要由安全气囊传感器、防撞安全气囊及电子控制装置等组成。驾驶员侧防撞安全气囊装置在方向盘中;乘员侧防撞安全气囊装置一般装在仪表板上。安全气囊传感器分别安装在驾驶室间隔板左、右侧及中部;中部的安全气囊传感器和安全气囊系统与电子控制装置安装在一起。气囊组件主要由安全气囊、气体发生器和点火器等组成。

当汽车在行驶过程中发生碰撞事故时,首先由安全气囊传感器接收撞击信号,只要达到规定的强度,传感器即产生动作并向电子控制器发出信号。电子控制器接收到信号后,与其原存储信号进行比较,如果达到气囊展开条件,则由驱动电路向气囊组件中的气体发生器送去启动信号。气体发生器接到信号后引燃气体发生剂,产生大量气体,经过滤并冷却后进入气囊,使气囊在极短的时间内突破衬垫迅速展开,在驾驶员或乘员的前部形成弹性气垫,并及时泄漏、收缩,吸收冲击能量,从而有效地保护人体头部和胸部,使之免于伤害或减轻伤害程度。

奔驰GLK350和E350被动安全系统分别如图6-1-1和图6-1-2所示。

膝部安全气囊

头部安全气帘　驾驶员侧主安全气囊　前排乘客侧主安全气囊
侧面安全气囊

图6-1-1　奔驰GLK350被动安全系统剖视图

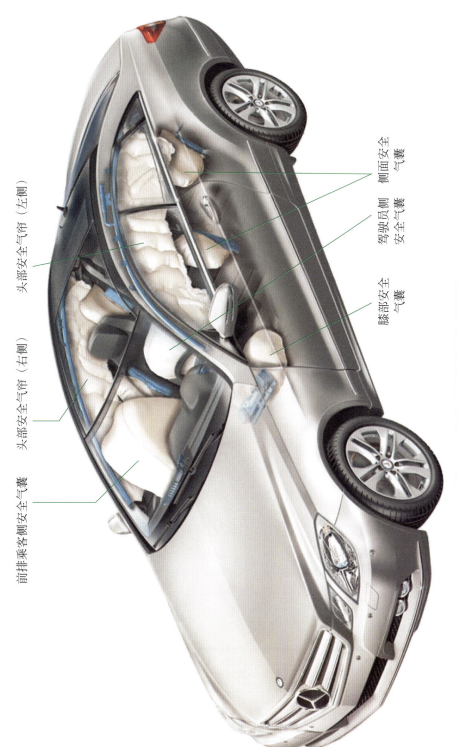

图6-1-2 奔驰E350被动安全系统视图

6.1.2 传感器

（1）前排碰撞传感器

为了识别前部碰撞或车尾碰撞，前排安全气囊碰撞传感器与安装在安全气囊控制单元中的传感器共同工作。这些传感器是加速度传感器，在发生事故时既测量车辆的减速，也测量纵向加速度，并根据事故的严重程度，及当时情况相应地激活安全带张紧器、安全带拉紧力限制器和安全气囊的点火器。根据现实情况触发这些安全组件，可以更好地保护乘员。奥迪A7 Sportback的传感器安装在前大灯下面，如图6-1-3所示。

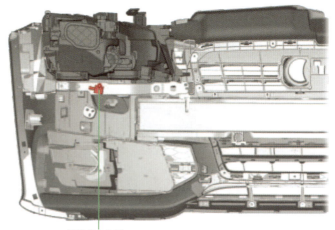

图6-1-3 奥迪A7Sportback前排气囊碰撞传感器

（2）侧面和后部气囊碰撞传感器

侧面安全气囊碰撞传感器是压力传感器。后排侧面安全气囊碰撞传感器，以及安装在安全气囊控制单元中的侧面碰撞传感器共同工作，可以识别到来自左侧或右侧的碰撞。侧面碰撞传感器安装于左右两侧前车门，如图6-1-4所示。当车门变形时，车门板内的气压瞬间增高，相应的传感器探测到这个压力升高现象，并将其传输给安全气囊控制单元。

后排侧面安全气囊碰撞传感器为加速传感器。传感器安装于左右C柱区域，如图6-1-5所示。其任务是测量车辆横向加速度并传输到安全气囊控制单元。

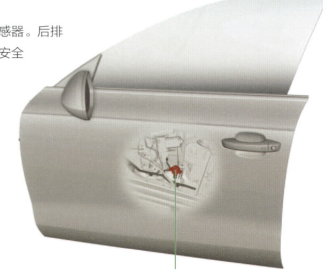

图6-1-4 侧面碰撞传感器安装位置

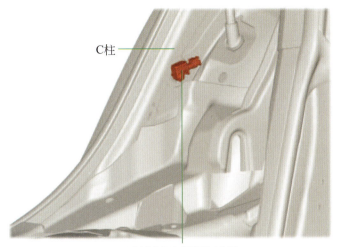

图6-1-5　后排侧面碰撞传感器安装位置

（3）座椅位置传感器

为了能够探测座椅位置，驾驶员和副驾驶员座椅装备了座椅位置传感器。如图6-1-6所示这些传感器是霍尔传感器。根据座椅位置传感器的耗电量，安全气囊控制单元识别到座椅是位于座椅调节范围的前三分之一还是后三分之二区域。安全气囊控制单元利用这个信息，在正确的时间激活安全带拉紧力限制器和前排安全气囊的自适应性。

座椅位置识别：座椅位置识别传感器分别与座椅导轨共同工作。如果座椅占用识别传感器位于固定在车辆上的座椅导轨上方，那么其耗电量为5～7mA。安全气囊控制单元识别到"座椅在后部"。

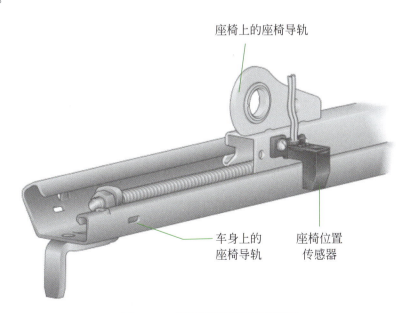

图6-1-6　座椅位置传感器安装位置

（4）副驾驶员侧座椅占用识别传感器

副驾驶员侧座椅占用识别传感器是带有两排各四个压力传感器的塑料薄膜。每个压力传感器在承受负荷的时候电阻都会发生变化。为了识别到座椅被占用，必须有两个压力传感器探测到压力，也就是传感器S1～S4中的一个压力传感器和传感器S5～S8中的一个压力传感器。为了能够探测到座椅面的相关区域，座椅占用识别传感器在座椅泡沫塑料上的位置是设定好的。安全气囊控制单元利用来自座椅占用识别传感器和安全带锁开关的信息，识别是否系上了安全带，工作原理及传感器外观分别如图6-1-7和图6-1-8所示。

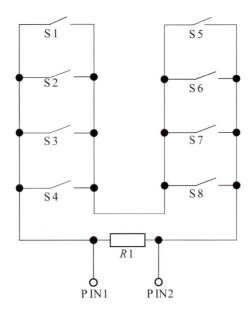

图6-1-7　座椅占用识别传感器工作原理

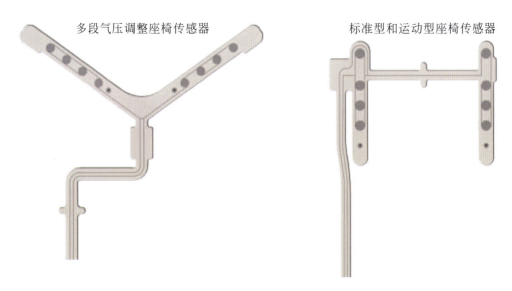

图6-1-8　座椅占用识别传感器外观

6.2 Audi pre sense 预碰撞安全系统

Audi pre sense预碰撞安全系统不能避免事故发生，它的作用是在危险情况下警告驾驶员，并在其技术能力的范围内向驾驶员提供支持。只有通过各个不同系统的联网，Audi pre sense预碰撞安全系统才能够实现其功能。通过车载数据总线系统，相关控制单元持续地交换信息。

奥迪A7 Sportback的预碰撞安全系统与2010款奥迪A8的预碰撞安全系统的功能类似。图6-2-1所示的是配备奥迪预碰撞安全系统的2010款奥迪A8。

（1）减小安全带松动程度功能

在下列条件下，左前和右前安全带拉紧器控制单元J854和J855会减小安全带松动程度：前排安全带已系上、向前行驶车速大于15km/h、向前行驶车速小于15km/h的时间超过10s。接着会重新释放安全带。

（2）纵向动态功能

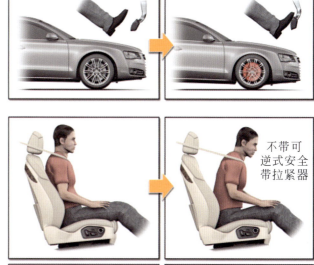

图6-2-1 配备预碰撞安全系统的2010款奥迪A8

驾驶员在向前行驶时猛烈刹车，制动压力在规定时间内达到设定值，则安全带拉紧器控制单元J854和J855让电动机将安全带部分拉紧或完全拉紧。另外ABS控制单元J104可以激活闪烁报警灯。根据具体情况，通过由电动机拉紧安全带可以将乘员向前移动的距离最多减小约10cm。

（3）横向动态功能

如果车辆转向过度或转向不足，则会激活电子稳定程序ESP，安全带被电动机部分拉紧。

如果车辆超出物理极限而失去稳定性，则电动机将安全带完全拉紧。另外，开始关闭侧窗和滑动/外翻式天窗。

如果上述行驶状况没有导致事故，则重新释放安全带并且关闭闪烁报警灯（如果已经亮起）。

根据奥迪驾驶模式选项系统（Audi drive select）的设置不同和ASR/ESP处于打开/关闭状态，结合行驶状况由电动机将安全带拉紧。

如果要配备Audi pre sense front车头预碰撞安全系统，需要选配自适应巡航控制系统

（ACC）。与ACC系统一同加装的还有Audi braking guard制动报警装置和基本版Audi pre sense系统。即使在ACC系统关闭的情况下，雷达传感器也能在其技术能力的范围内观察前方交通情况并将这些信息发送到自适应巡航控制系统控制单元。

这个控制单元对数据进行分析，并将相应的信息发送到数据总线上。其他控制单元可以接收、分析这些信息并采取相应的措施。如图6-2-2所示。

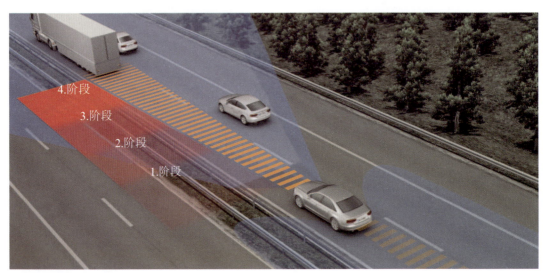

图6-2-2　奥迪车头预碰撞安全系统

通过Audi side assist行驶换道辅助系统可以分析车后的交通情况。行驶换道辅助系统的雷达传感器持续向行驶换道辅助系统控制单元发送信息，这个控制单元分析这些信息，并将相应的数据发送到数据总线上。

即使在Audi side assist行驶换道辅助系统关闭的情况下，控制单元也发送相应的数据。如果选装了行驶换道辅助系统，奥迪A7 Sportback也就配备了奥迪车尾预碰撞安全系统和基本型预碰撞安全系统。如图6-2-3所示。

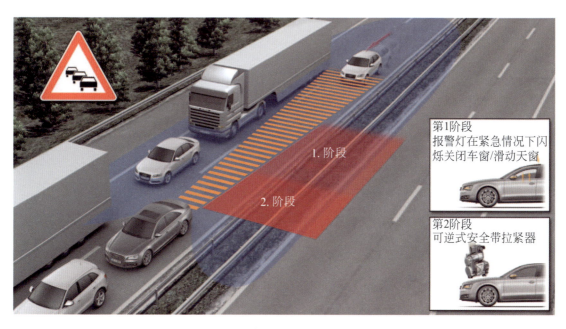

图6-2-3　奥迪车尾预碰撞安全系统

Chapter 07

第7章
汽车辅助系统新技术

- 7.1 前部预防碰撞系统 Front Assist
- 7.2 预碰撞安全系统
- 7.3 车道保持辅助系统
- 7.4 交通拥堵辅助系统
- 7.5 盲点监测系统（含后方交通预警功能）
- 7.6 自动泊车辅助系统
- 7.7 疲劳监测系统
- 7.8 DLA智能动态大灯辅助系统
- 7.9 宝马G11/G12（新款宝马7系）遥控驻车系统

7.1 前部预防碰撞系统 Front Assist

车辆的雷达传感器监视车辆前方区域。如果其他车辆进入前方邻近区域，系统将启用以下步骤：语音和视觉警告驾驶员采取紧急制动，如果驾驶员未作出反应，制动踏板会快速振动提醒，并进一步提升制动辅助的响应。此时，如果驾驶员采取制动，车辆将立即提供全部制动力；如果制动力不足，预碰撞安全系统将增加制动力至所需水平。如图7-1-1、表7-1-1所示。

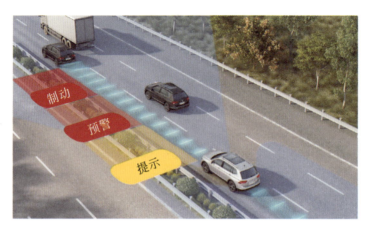

图7-1-1 前部预防碰撞系统

表7-1-1 前部预防碰撞系统各种情况下的工作机制

使用限制	预警	措施
驾驶员急打方向盘	系统检测到驾驶员有操控车辆意图，不会主动制动	Front Assist系统仅是辅助系统，驾驶员需要随时注意道路和车况，必要时主动介入
短时间内重复遇到紧急情况	系统有30s锁止时间，以防止误触发，并给驾驶员留下主动操控时间。驾驶员在碰到紧急情况后应主动操控车辆脱离危险，而不是放任自由	
本车车速30km/h以下，本车与前车间距很近，前车紧急制动	系统完全制动的最大减速度$0.8g$，能把车刹停，能降低损失，但不保证完全避免碰撞，驾驶员应主动操控车辆脱离危险	
本车车速30km/h以上，本车与前车间距很近，前车紧急制动	系统自动部分制动的最大减速度$0.6g$，而人为减速度可达$0.9g$，能降低损失，但不保证完全避免碰撞，驾驶员应主动操控车辆脱离危险	
本车车速30km/h以上，本车道路前方有静止物体	系统不会自动施加制动，只有预填充和声音图像警告，驾驶员应主动操控车辆脱离危险	
行驶过程中从间距小的两辆车中超车	系统可能会施加间歇制动，导致本车驾驶员惊慌，可能被追尾	

7.2 预碰撞安全系统

车辆在行驶过程中,前部雷达传感器和ESP系统对车辆行驶状态进行判断,如果车辆发生碰撞的概率较大,预判可能发生危险,系统将会收紧安全带并关闭车窗及天窗,并在必要时提醒或辅助驾驶员制动。见图7-2-1。

预碰撞保护系统触发条件:驾驶员紧急制动;危险制动;不稳定的行驶状态。如果前部雷达传感器识别到碰撞风险,碰撞警告功能进行制动干预。

若系统识别到上述潜在事故状况之一,乘员和汽车就将为可能的事故作出准备。座椅安全带的自动可逆的张紧装置将驾驶员和前排乘员限制在座椅上,以保证安全气囊和安全带系统的最佳保护功能。如果有很强的侧向运动,则侧面车窗玻璃和天窗也会关闭,但会留下少许空隙。通过关闭车窗,气帘和侧安全气囊可以在展开后获得最佳的效果并提供最好的防护。如果危急状况得到缓和,车辆的动态得到稳定,则座椅安全带会恢复到正常情况。如图7-2-2所示。

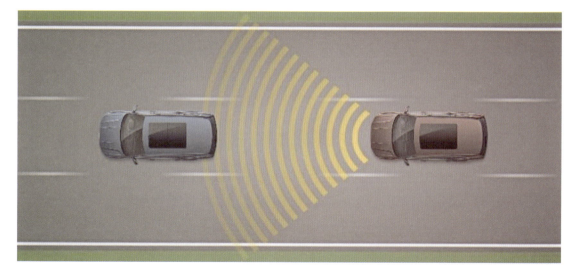

图7-2-1 防碰撞安全系统

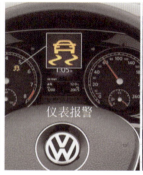

图7-2-2 预碰撞保护系统

7.3 车道保持辅助系统

车道保持辅助系统能够通过正确的方向干预，帮助车辆在各种情况下保持在车道内行驶。在这个过程中，系统维持转向稳定和平顺。如图7-3-1所示。

同时满足以下五个条件时则系统开始工作：车速＞65km/h；弯道半径＞250m；2.8m＜车道宽度≤4.4m；检测到前方车道；转向灯非工作状态。

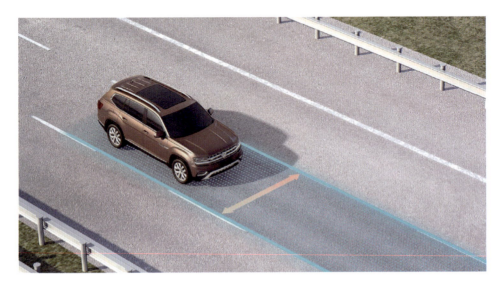

图7-3-1　车道保持辅助系统

如果驾驶员使用转向信号灯，则车辆在偏离车道时将不会做出反应。如图7-3-2所示。

图7-3-2　自动修正方向

7.4 交通拥堵辅助系统

当车辆安装了交通拥堵辅助系统之后，车辆会在拥堵的时候做出反应。车辆会刹车、加速并且半自动转向，能在走走停停的交通中增加舒适度。如图7-4-1所示。

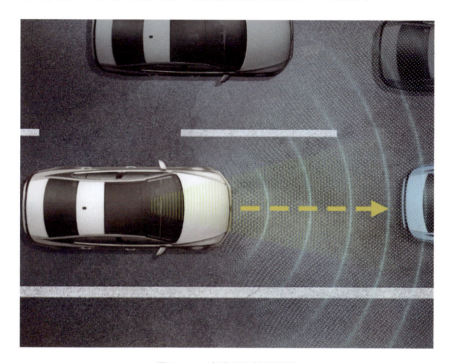

图7-4-1　交通拥堵辅助系统

系统利用自适应巡航控制系统和车道保持辅助系统的车道偏离警告功能，分别控制加速、制动和转向。

系统激活条件：ACC自适应巡航激活；车道保持功能激活；车速小于60km/h；雷达信号及前风挡摄像头正常工作。

7.5 盲点监测系统（含后方交通预警功能）

变道辅助系统借助车辆侧后方的雷达波束监控车辆旁边以及后方的行驶区域。

当车速高于15km/h时，盲点监测系统处于激活状态，开始识别监控区域内的车辆，当监测到车辆时，相应侧的车外后视镜壳体中的LED信号灯显示为黄色。如图7-5-1所示。

如果在监控区域有车或者有车高速靠近，则通知驾驶员。当驾驶员打开转向灯，试图向被监测出的物体的方向变道时，系统会发出警告。相应一侧的变道辅助系统警告灯闪烁。这种闪烁有时间限制，之后就会重新调回到警示信息级。如果打开转向灯时确定没有危险，而后识别出新的危险时，系统会再次发出警告。当转向灯关闭再打开时，也会再次发出警告。

图7-5-1 车外后视镜壳体中的LED信号灯

后方交通预警功能：使用变道辅助系统的侧后方雷达，车辆在行驶离开停车场时，可以探测车辆后方靠近的物体。系统扫描的最大区域为周围50m，并且会使用多级警示系统在监测到物体时警告驾驶员。如果探测到车辆，下面3个警告功能将会被激活：声音警告、信息娱乐系统显示、自动制动干扰。如图7-5-2所示。

(a)盲点监测

(b)后方交通预警

图7-5-2 盲点监测系统

7.6 自动泊车辅助系统

PLA自动泊车辅助系统，在前后保险杠上共装有12个驻车雷达探头，特别增加前部泊车功能。通过PLA系统扫边传感器扫描停车位。只需轻按自动泊车启动键，根据提示选择R挡或D挡，系统就会自动寻找合适的车位并停车入位，期间驾驶者无需操控方向盘。如图7-6-1和表7-6-1所示。

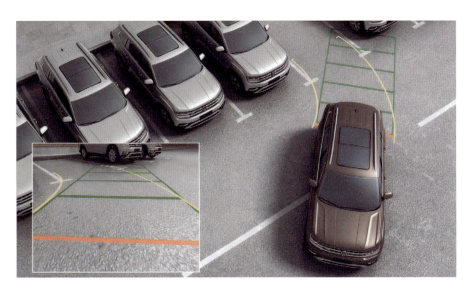

图7-6-1　自动泊车辅助系统

表7-6-1　自动泊车辅助系统工作条件

传感器	6个前部传感器；6个后部传感器
停车位尺寸测量	持续进行，即使在PLA未接通时
平行停车位	平行停车位驻车；完全或部分驻车在人行道边沿；在弯道内驻车；在树木和其他障碍物之间驻车；停车位的长度：车身长度+0.8 m；一次性或分段式停车过程；寻找停车位时的最大车速：40km/h
垂直停车位	在垂直停车位内停车（车尾进入）的停车位宽度：车身宽度+0.7m；一次性或分段式停车过程；寻找停车位时的最大车速：20km/h；在垂直停车位内停车（车头进入）的停车位宽度：车身宽度+0.8m
驶离停车位	从平行停车位驶出的停车位的长度：车身长度+0.5m；一次性或分段式驶离过程
制动支持	当驻车时，如果速度过高或有碰撞危险时，(ESP)电子稳定程序会干预以降低损伤；在平行停车位内停车过程中，制动支持有效；在垂直停车位内停车过程中，制动支持也有效

7.7　疲劳监测系统

当驾驶员警示系统监测到驾驶员注意力不集中时，会建议驾驶员稍事休息。

当车速超过65km/h时，各种传感器持续监测并分析驾驶行为，系统利用多种测量参数（如转向行为和制动踏板使用情况）来评估驾驶员是否适合驾驶，当监测到疲惫迹象时，系统建议驾驶员稍事休息——通过多功能显示屏中的信息以及声音信号。如果在第一条信息之后的15min之内，驾驶员未休息，系统将再次发出警告。如图7-7-1所示。

图7-7-1 疲劳监测系统

7.8 DLA智能动态大灯辅助系统

夜间通过改变远光灯光型，在保证驾驶员足够行驶照明的条件下避免对来车或前车驾驶者造成眩目。动态灯光辅助系统能够在不对迎面车辆的驾驶员造成炫目的情况下持续开启远光灯。如图7-8-1所示。

激活条件：大灯开关处于Auto挡，开启远光灯，车速大于60km/h；车前风挡上部中央的多功能摄像头监测到对向车辆或前方车辆灯光。

图7-8-1 DLA智能动态大灯辅助

DLA智能动态大灯辅助系统集成了AFS（Adaptive Front Lighting System）自适应前部照明系统。AFS主要包含下列几个功能。

① 通过采集实时速度与雨刮信号，自动调整大灯光型，自动输出各种近光模式、乡村模式、城镇模式、高速模式、雨天模式。

② 动态转角辅助照明（又称弯道照明）。

③ 大灯高度自动调节。

DLA智能动态大灯辅助系统工作原理如图7-8-2和图7-8-3所示。

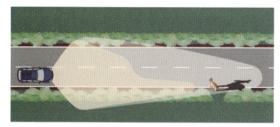
(a) 多功能摄像头未发现前方车辆

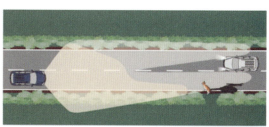
(b) 多功能摄像头发现对面来车开始调整部分光线

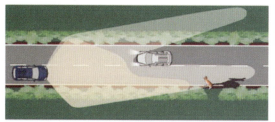
(c) 根据距离进一步调整光线范围

(d) 会车一侧远光关闭

图7-8-2　迎面（对向车道）会车

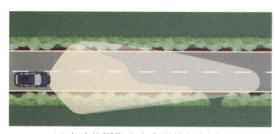
(a) 多功能摄像头未发现前方车辆

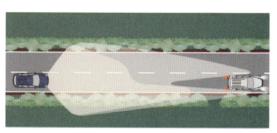
(b) 多功能摄像头发现前方车辆开始调整部分光线

(c) 根据距离进一步调整光线范围

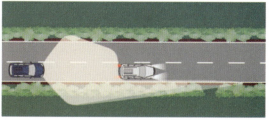
(d) 右侧远光关闭

图7-8-3　前方车道车辆

7.9 宝马G11/G12（新款宝马7系）遥控驻车系统

7.9.1 简介

（1）功能范围

新款宝马7系首次采用了遥控驻车功能。这种新型辅助系统可通过宝马显示屏钥匙遥控车辆驶入和驶出停车位。通过这种方式，系统可在狭窄的正向停车位（例如车库和停车楼内）为驾驶员提供支持。如图7-9-1所示。

系统具有以下优点：避免上下车困难、避免上下车时撞到车门、更有效地利用停车空间。

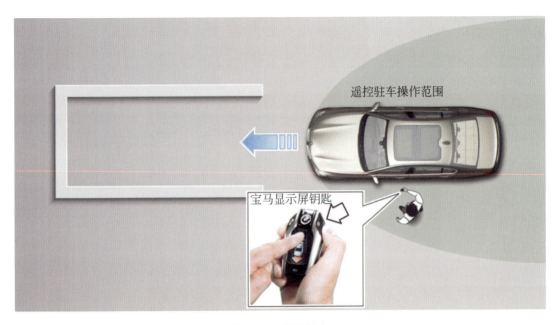

图7-9-1　遥控驻车

由驻车距离监控系统和驻车操作辅助系统的超声波传感器以及环视系统摄像机在其系统限制内监控整个驻车过程。在此过程中驾驶员位于车外。驾驶员负责通过直接观察监督车辆周围情况并能够随时通过显示屏钥匙终止驻车过程。如果驾驶员离开了操作范围，车辆就会自动停止。

在驻车过程中可通过宝马显示屏钥匙使车辆移动其车辆长度的1.5倍距离。在此过程中车速约为1.8km/h。只能在向前停车入位过程中进行最小转向校正。在通过遥控驻车功能驶出停车位过程中不进行转向干预。因此只能以直线方式驶出停车位。

遥控驶入和驶出停车位并非强制关联。驾驶员可自行驶入停车位，之后遥控驶出停车位，反之亦然。

图7-9-2概括了可遥控驶入和驶出停车位的应用情况。

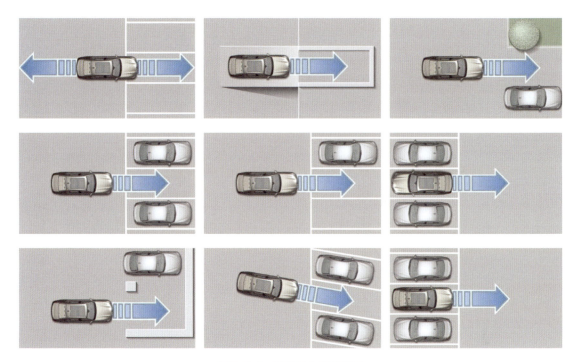

图7-9-2 遥控驻车应用情况

(2) 停车位要求

为了通过遥控驻车功能自动实现停车入位，必须满足特定情况或前提，见图7-9-3。

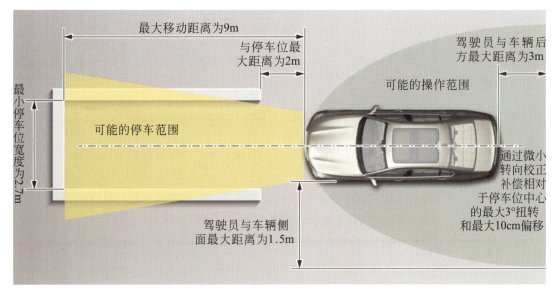

图7-9-3 遥控驶入停车位的前提条件

可在最大5%的上下坡路上进行遥控驻车。

图7-9-4概括了可进行和不可进行遥控驻车的情况。

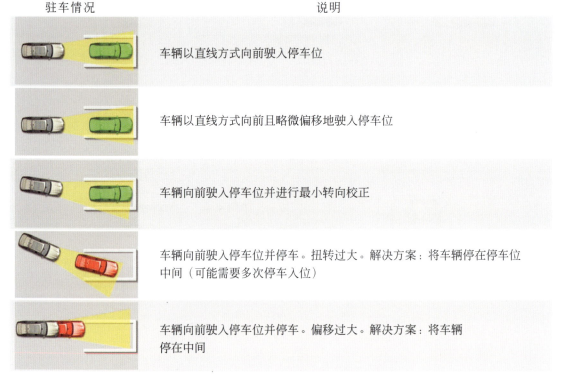

图7-9-4 可进行和不可进行遥控驻车的情况

7.9.2 驻车过程

（1）宝马显示屏钥匙

宝马显示屏钥匙取代了标准遥控器并支持标准遥控器的所有功能。此外还提供以下功能：调出车门和车窗状态、调出防盗报警装置状态、接通和关闭驻车暖风、调出可达里程、调出服务信息、遥控驶入停车位。该显示屏为320×240像素分辨率的2.2英寸大LCD触摸显示屏。如图7-9-5所示。

通过宝马显示屏钥匙上的触摸显示屏和遥控驻车按钮进行遥控驻车操作。这样可对功能进行直观操作并通过所需操作和系统限制为驾驶员提供直接反馈。

必须在整个驻车过程中按住遥控驻车按钮。否则不会启动停车入位过程或在松开按钮时会对车辆进行紧急制动（之后会挂入电动驻车制动器）。终止车辆与宝马显示屏钥匙之间的数据传输也会启动制动功能直至车辆静止，因为只能在车辆近距离内传输数据。

（2）启用

使用前，遥控驻车功能必须处于启用状态。图7-9-6概括了启用方式。

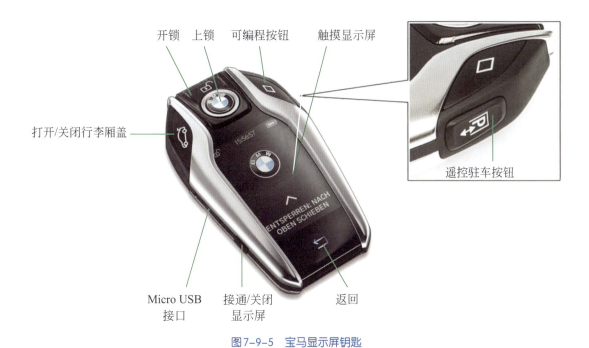

图 7-9-5 宝马显示屏钥匙

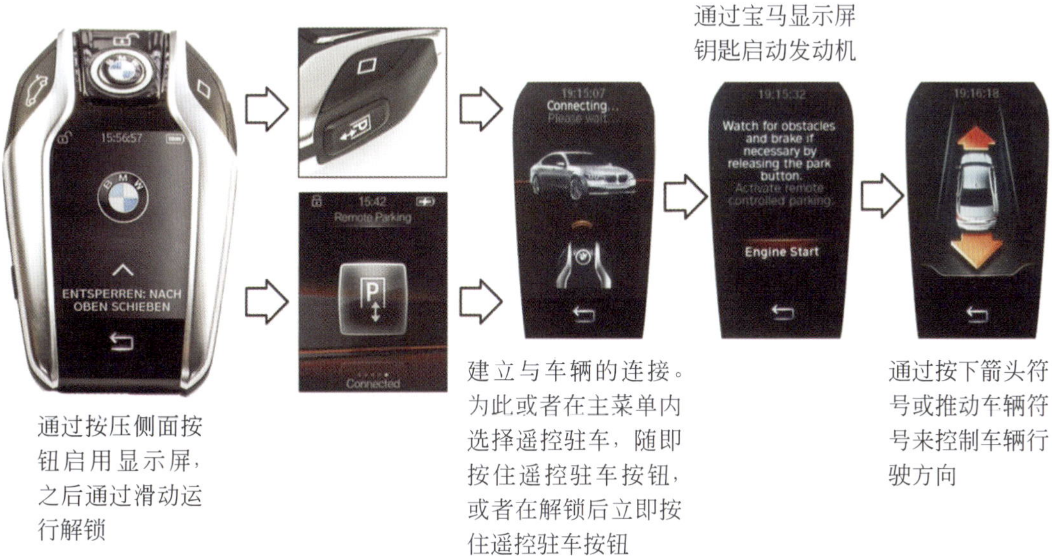

图 7-9-6 启用遥控驻车功能

（3）驶入停车位

图 7-9-7 描述了遥控驶入停车位的方式以及在此期间执行的车辆功能。

		驾驶员	车辆
1		① 在正向停车位前停车 ② 关闭发动机并挂入变速箱挡位P ③ 下车 ④ 通过宝马显示屏钥匙启用遥控驻车功能	
2		① 在操作范围内定位 ② 按住遥控驻车按钮 ③ 一直等到显示功能准备就绪 ④ 通过宝马显示屏钥匙启动发动机	启用电动驻车制动器 启动发动机 启用行车制动器 松开电动驻车制动器
3		朝前方向按压宝马显示屏钥匙上的方向箭头并在此期间观察车辆周围情况	从P挡切换为D挡 松开行车制动器 驶入停车位 保持规定车速 调节距离 进行转向校正
4		随时可以改变方向 朝前方向按压宝马显示屏钥匙上的方向箭头	制动直至静止 从D挡切换为R挡 松开行车制动器 倒车行驶 保持规定车速 调节距离
5		为了再次改变方向，朝前方向按压宝马显示屏钥匙上的方向箭头	制动直至静止 从R挡切换为D挡 松开行车制动器 驶入停车位 保持规定车速 调节距离 进行转向校正
6		① 顺利完成驶入停车位过程时，松开遥控驻车按钮 ② 通过宝马显示屏钥匙关闭发动机 ③ 通过宝马显示屏钥匙停用遥控驻车功能 ④ 使车辆上锁	制动直至静止 启用行车制动器 从D挡切换为P挡 挂入电动驻车制动器 关闭发动机

图7-9-7 遥控驻车期间车辆功能

可随时通过宝马显示屏钥匙使车辆停住：通过松开方向箭头（通过轻微制动干预使车辆制动直至静止）、通过松开遥控驻车按钮进行紧急制动（车辆进行紧急制动并挂入电动驻车制动器）。

（4）驶出停车位

图7-9-8描述了遥控驶出停车位的方式以及在此期间执行的车辆功能。

图7-9-8 遥控驻车驶出停车位期间车辆功能

（5）遇到障碍物时制动

识别出障碍物时，遥控驻车功能使车辆制动直至静止并防止车辆溜车（启用行车制动器并挂入变速箱挡位P）。

如果移开了所识别的障碍物，可继续执行功能最多30s。如果超出该时间，遥控驻车功能就会关闭发动机并挂入电动驻车制动器。

可随时通过宝马显示屏钥匙使车辆停住：通过松开方向箭头（通过轻微制动干预使车辆制动直至静止）、通过松开遥控驻车按钮（车辆进行紧急制动并挂入电动驻车制动器）。

为确保在遥控驻车期间进行制动干预，启用遥控驻车功能时对制动系统进行检查。在此以规定压力控制制动活塞并分析由此产生的制动压力。如果产生的制动压力超出规定范围，就会停用遥控驻车功能。

第8章
轻量化车身与折叠车顶

8.1 轻量化车身（宝马F18）

8.2 折叠车顶

8.1 轻量化车身（宝马F18）

白车身（Body in White，BIW）是指完成焊接但未涂装之前的车身，但不包括四个车门、发动机盖及后备厢盖。

白车身可以说是相当于一辆车的骨架，骨骼结不结实，在很大程度上决定了一辆车是否安全。车辆在严重碰撞中，真正考验的是车架强度，也就是白车身的强度。如果白车身只是使用更高强度的钢材是远远不能保证车辆安全性的，结构设计也是非常重要的一部分。如何在车辆发生碰撞时尽量将所受的撞击力均匀分散，吸能部件如何最大限度地将能量吸收，这都是在车架设计上需要考虑的问题。

对于白车身的减重一般会有两种方法：一种是以强度更高的钢材来替代低强度钢材；另外一种就是以其他材料来对钢材进行替换。目前较为常用的材料为铝合金或碳纤维复合材料。

在白车身上大量使用铝合金材料会大幅提升车辆造价，为了控制造车成本，很多车型选择在车身覆盖件上使用铝合金材料。

在宝马F18中也非常重视轻型材料结构。其中包括智能化使用较高强度多相钢和最高强度热成型钢。宝马F18车身材料的平均强度比E60CHL高58%。轻型材料对减轻车辆重量起决定性作用，与高刚度车身骨架配合使用对以下方面非常有利：行驶动力性、降低耗油量、降低CO_2排放量、被动安全性。白车身及其材料见图8-1-1和图8-1-2。

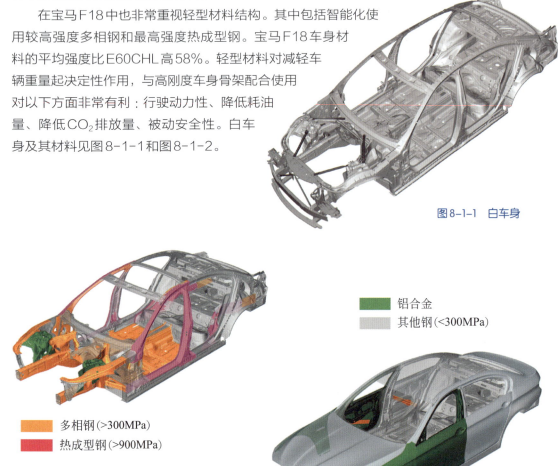

图8-1-1　白车身

图8-1-2　白车身材料质量

多相钢是带有多相组织结构的钢材。较高强度多相钢的屈服极限为300～600MPa，如双相钢或TRIP钢。最高强度多相钢的屈服极限超过600MPa，如复相钢或马氏体复相钢。热成型锰硼钢是屈服极限超过900MPa的最高强度钢。

重量比例：为降低车辆重量并确保白车身具有最大强度，较高/最高强度多相钢、最高强度热成型钢和铝合金的使用比例越来越高。

（1）尾部饰板

出厂时尾部饰板与白车身焊接在一起。维修时以粘接和铆接方式连接尾部饰板，见图8-1-3。

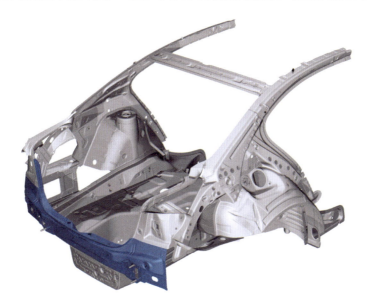

图8-1-3　尾部饰板

（2）车门

宝马F18前车门采用铝合金板壳结构，见图8-1-4。

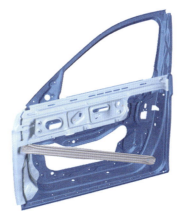

(a)前车门　　　　　　　　(b)车门主体板壳结构

图8-1-4　前车门

8.2 折叠车顶（宝马车系）

8.2.1 3系E93硬顶折叠敞篷车

（1）折叠式硬顶传感器

折叠式硬顶传感器概览见图8-2-1。

1—风窗框板接触微型开关；2—锁钩锁止微型开关；3—锁钩开锁微型开关；4—硬顶锁止传动装置；5—车顶外壳部分关闭霍尔传感器；6—车顶外壳部分打开霍尔传感器；7—右侧联动机构打开霍尔传感器；8—右侧联动机构关闭微型开关；9—后部模块关闭霍尔传感器；10—车顶套件收回霍尔传感器；11—后部模块打开霍尔传感器；12—后部模块关闭霍尔传感器；13—行李厢分隔板霍尔传感器；14—车顶套件竖起霍尔传感器；15—左侧联动机构关闭微型开关

图8-2-1 折叠式硬顶传感器

Chapter 08 第8章 轻量化车身与折叠车顶

（2）E93折叠式硬顶车结构

宝马3系E93系列新款敞篷车上市，该车辆首次使用了轻型钢板结构的折叠式硬顶，带有全自动打开和关闭机械机构的三件式可以在25s内打开或关闭车顶，见图8-2-2折叠式硬顶的分解见图8-2-3。折叠式硬顶的运动机构及车顶模块分别见图8-2-4和图8-2-5。

图8-2-2　折叠式硬顶

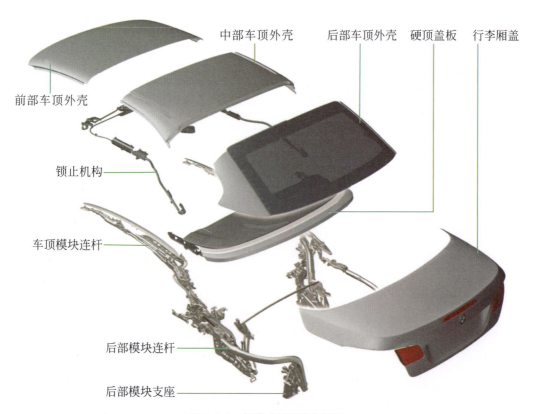

图8-2-3　折叠式硬顶的分解图

图8-2-4 折叠式硬顶的运动机构

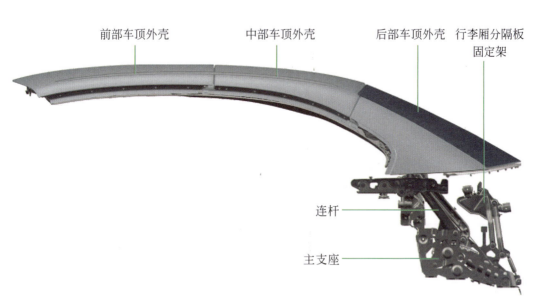

图8-2-5 车顶模块

8.2.2 F12（6系硬顶敞篷跑车）

（1）概览

F12折叠式车顶的设计主要以E64为基础。折叠式车顶打开时的持续移动时间约为19s，关闭时约为22s。从车外操作折叠式车顶时，包括降下或升起侧窗玻璃和后窗玻璃以及车辆开锁和上锁在内打开持续时间约为25s，关闭持续时间约为26s。折叠式车顶结构见图8-2-6。

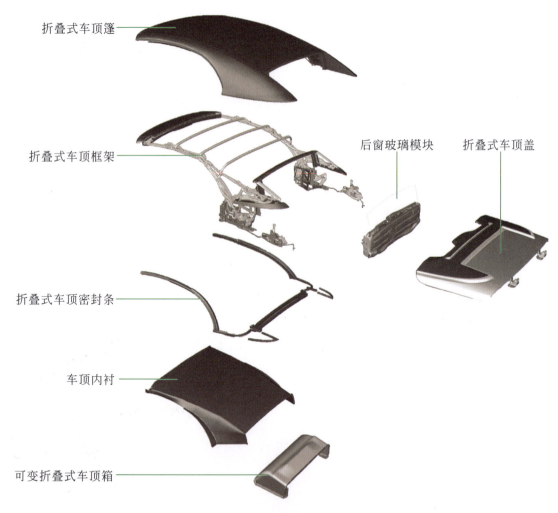

图8-2-6　折叠式车顶结构

（2）机械组件

① 折叠式车顶框架。折叠式车顶框架是用于安装折叠式车顶篷、车顶内衬和密封条的框架。折叠式车顶框架的主要组件如图8-2-7所示。

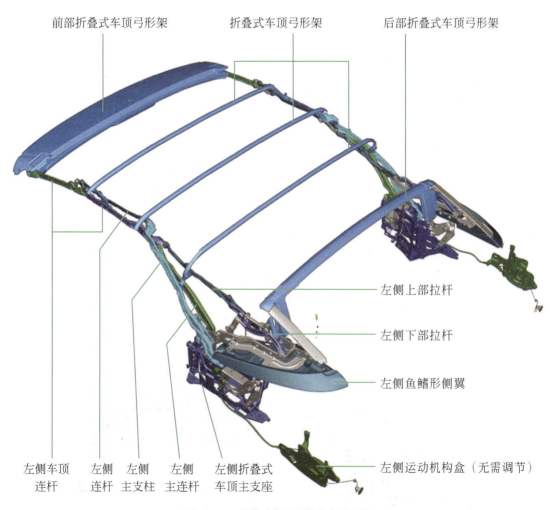

图8-2-7 折叠式车顶框架的主要组件

折叠式车顶框架通过两个折叠式车顶主支座与白车身连接。为打开和关闭折叠式车顶，液压缸通过连杆驱动主支柱和鱼鳍形侧翼。折叠式车顶通过前部折叠式车顶弓形架锁止在风窗框板上。

② 布置和功能。各有一对液压缸作用在折叠式车顶盖、鱼鳍形侧翼和主支柱上。液压缸可以在活塞侧和活塞杆侧加压。主支柱液压缸的操作方向取决于液压泵的转动方向。折叠式车顶盖和鱼鳍形侧翼液压缸的操作方向取决于相应转换阀的位置。如果液压缸两侧都加压，则活塞侧压力起作用，活塞杆移出。见图8-2-8和图8-2-9。

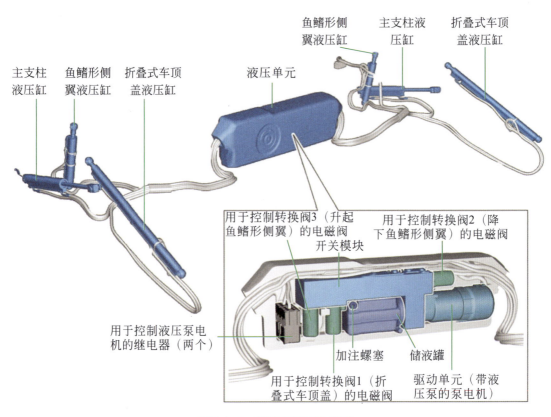

图8-2-8　折叠式车顶液压组件

图8-2-9　液压油罐维修口

③ 传感器。折叠式车顶传感器系统布置见图8-2-10。

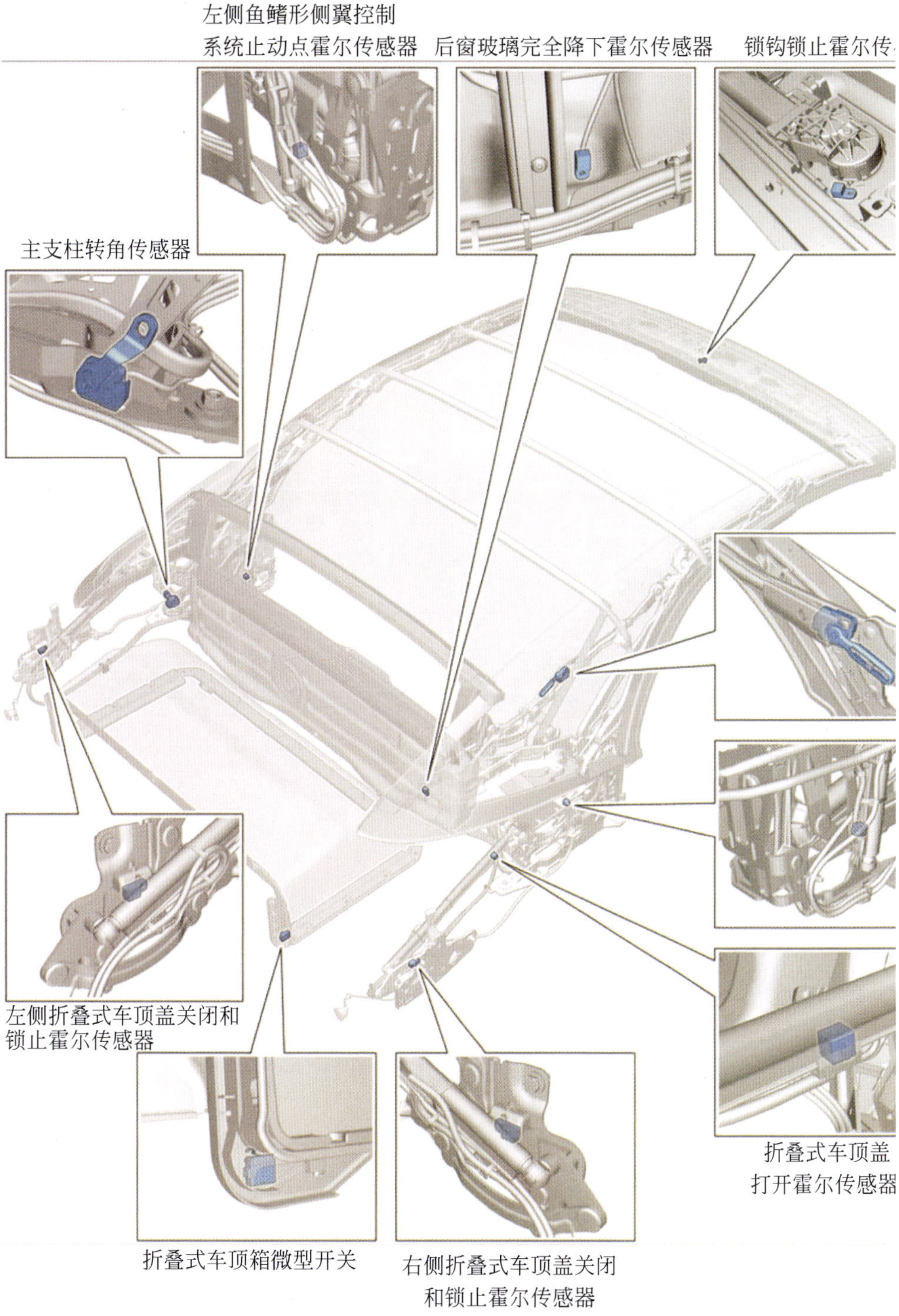

左侧鱼鳍形侧翼控制系统止动点霍尔传感器　后窗玻璃完全降下霍尔传感器　锁钩锁止霍尔传感器

主支柱转角传感器

左侧折叠式车顶盖关闭和锁止霍尔传感器

折叠式车顶箱微型开关　右侧折叠式车顶盖关闭和锁止霍尔传感器

折叠式车顶盖打开霍尔传感器

图8-2-10　折叠式车顶传感器系统布置

第9章
新能源汽车

- 9.1 混合动力技术
- 9.2 奥迪Q5混合动力
- 9.3 奔驰混合动力汽车
- 9.4 宝马i8超级混合动力跑车
- 9.5 宝马i3增程电动车
- 9.6 宝马F18 530Le混合动力汽车

9.1 混合动力技术

（1）混合动力技术分类

Hybrid这个词来源于拉丁语hybrida，意思是杂交或者混合的意思。在技术层面，Hybrid这个词指一种系统，该系统将两种不同的技术组合在一起来使用。结合驱动理念，混合动力技术这个概念用于两个方向，见图9-1-1。

图9-1-1 混合动力系统原理图示

① 双燃料动力。双燃料动力车，是指其发动机（内燃机）能够燃烧不同类型的燃料，去产生驱动能量。因此，使用矿物燃料和可再生燃料（柴油/生物柴油）或者使用液态和气态燃料（汽油/天然气/液化石油气）的系统越来越为人们所知，市场上也越来越常见了。

② 驱动混合动力技术。驱动混合动力技术是指将两种不同的动力装置组合在一起来使用，且这两种动力装置的工作原理是不同的。就目前来讲，混合动力技术是指将发动机与电动机组合在一起这种形式。该技术可用作发电机从动能中回收电能（能量回收）、用作发动机来驱动车辆以及用作发动机的起动机。根据基本结构情况，混合动力驱动分为三种形式：完全混合动力驱动、中混合动力驱动和微混合动力驱动。

a.完全混合动力驱动。将一台大功率电动机与发动机组合在一起，可以以纯电动方式来驱动车辆行驶。一旦条件许可，该电动机会辅助发动机来工作。车辆缓慢行驶时，是纯粹通过电动方式来提供动力的，可以实现启动-停止功能，还有能量回收功能，用以给高压蓄电池充电。发动机和电动机之间有一个离合器，通过它可以断开这两个系统。发动机只在需要时才接通工作。现在用于Audi Q5 hybrid quattro，也计划用于其他车型，见图9-1-2。

b.中混合动力驱动。中混合动力驱动在技术上和部件方面都与完全混合动力驱动是一样的，只是它不能以纯电动方式驱动车辆来行驶。它也有能量回收、启动-停止以及助力功能。

c.微混合动力驱动。使用这种驱动结构，电动部件（起动机/发电机）只是用来执行启动-停止功能。一部分动能在制动时又可作为电能使用（能量回收）。不能以纯电动方式驱动车辆来

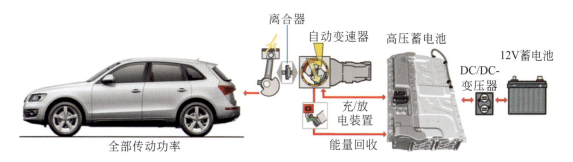

图 9-1-2　完全混合动力驱动

行驶。12V蓄电池的特性针对频繁启动发动机这个特点做了匹配。用到了很多奥迪车型上，比如 Audi A1，见图 9-1-3。

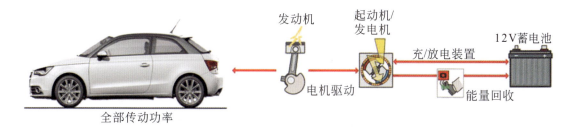

图 9-1-3　微混合动力驱动

（2）完全混合动力驱动

完全混合动力驱动有四种形式：并联式混合动力系统、分支式混合动力系统、串联式混合动力系统和分支式串联混合动力系统。

① 并联式混合动力系统。并联式结构的特点是简单。发动机、电动机和变速器装在同一根轴上。发动机和电动机各自的功率加起来，就是总功率。这种机构设计可以充分利用原车上的备件。对于四轮驱动车辆来说，并联式混合动力结构可以将动力分配到四个车轮上，见图 9-1-4。

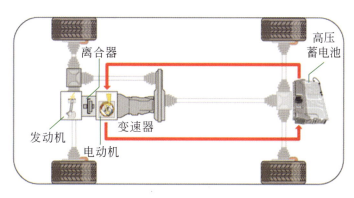

图 9-1-4　并联式混合动力系统

② 分支式混合动力系统。分支式混合动力系统除了有发动机外，还有一个电动机，两者都安装在前桥上。发动机和电动机所发出的动力经一个行星齿轮机构到达汽车变速器。但与并联式混合动力系统不同的是，分支式混合动力系统不能将发动机和电动机各自的功率加起来传递到车轮上。所产生的功率，一部分用于驱动车辆，另一部分作为电能存储在高压蓄电池内，见图9-1-5。

③ 串联式混合动力系统。车辆只通过电动机来驱动，发动机与驱动轴是没有机械连接的。发动机带动一个发电机，该发电机在车辆行驶时为电动机供电或者给高压蓄电池充电，见图9-1-6。

④ 分支式串联混合动力系统。分支式串联混合动力系统，就是把分支式混合动力系统和串联混合动力系统综合在一起了。该系统有一个发动机和两个电动机。发动机和电动机1装在前桥上，电动机2装在后桥上，这种结构用于四轮驱动车，见图9-1-7。

发动机和电动机1可以通过行星齿轮机构来驱动车辆变速器。要注意的是，在这里也是不能就将发动机和电动机各自的功率加起来传递到车轮上。后桥上的电动机2在需要时才会工作。因结构原因，高压蓄电池布置在前、后桥之间。

（3）其他概念

① Plug-in-Hybrid（插电式混合动力）。这个名词指车上使用了混合动力装置，而其高压蓄电池还可以通过外接电源（充电站或者家用插座）来充电。这就相

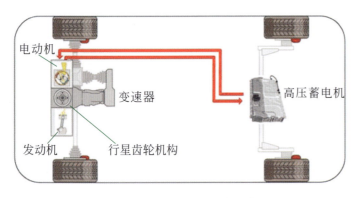

图9-1-5　分支式混合动力系统

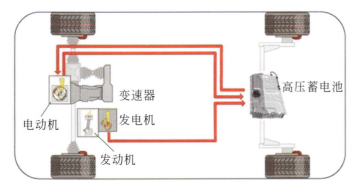

图9-1-6　串联式混合动力系统

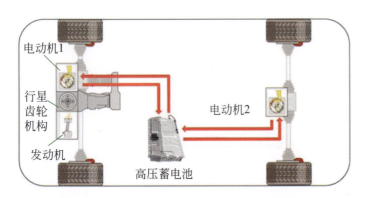

图9-1-7　分支式串联混合动力系统

当于纯混合动力车与电动车的混合体，插电式混合动力车将发动机车和电瓶车的优点集中在一起了。

② 能量回收。能量回收（英语叫Rekuperation，源于拉丁语recuperare，就是重新获得的意思），一般就是指在车辆减速时利用其动能。就是说，在车辆制动阶段或者在超速减速（反拖）阶段，回收这种"免费的"能量并将其暂时存储到车辆蓄电池上。能量回收功能是电能管理不可分割的一部分。

a. 靠电能驱动来行车。高压蓄电池放电在靠电能驱动来行车时，由高压蓄电池来供电。12V的车载电网由高压蓄电池来供电。

b. 能量回收。给高压蓄电池充电与牵引阶段不同，在减速阶段通过牵引电动机以电动方式来实施制动，从而再为高压蓄电池充电。驾驶员刚一松开油门踏板，一部分能量就得到了回收。在制动过程中，回收的能量也会相应增多。12V的车载电网由牵引电动机来供电。

③ 电动机。此处的电动机替代了车上的发电机、电动机和起动机。其实每个电动机都可以作发电机来使用，只要在外部来驱动电动机轴的话，那么电动机就会像发电机那样输出电能了。但如果是向电动机输送电能的话，那么它就是个驱动电动机。电动式混合动力上的电动机，就取代了发动机上传统的起动机和发电机，见图9-1-8。

④ 电动加速。混合动力驱动有一个电动加速功能，这与发动机的强制降挡功能（可提供最大发动机功率供使用）类似。如果执行了这个电动加速功能，那么电动机和发动机就会发出最大功率（合计总功率很大）。这两种驱动方式各自功率合在一起，就是传动系统的总功率了。见图9-1-9。

从技术上来讲，电动机内部是有功率损耗的，因此发电机输出功率要小于其驱动功率。Audi Q5 hybrid quattro车的发动机功率是155kW，电动机作为发电机时是31kW，作为驱动电动机时是40kW。总体算来，发动机和电动机作为电动机时共计可产生180kW的功率。

⑤ 滑行（指发动机不提供驱动力，电动机也不提供驱动

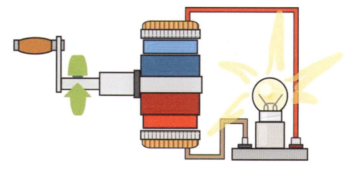

(a) 电动机作为发电机来使用

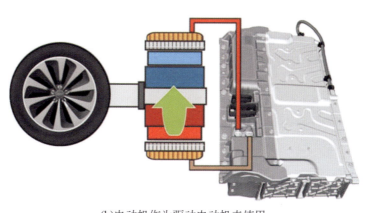

(b) 电动机作为驱动电动机来使用

图9-1-8 电动机

力)。滑行时,车辆是处在无动力的滚动状态,这时发动机就关闭了,电动机通过能量回收来为12V的车载电网供电,不消耗高压蓄电池的电能。

(4)丰田混合动力系统-Ⅱ(THS-Ⅱ)

采用了由可将系统工作电压升至最高直流650V电压的增压转换器和可将直流电转换为交流电的逆变器组成的变压系统,为MG1和MG2提供系统电压。可在高压下驱动电动/发电机1(MG1)和电动/发电机2(MG2)。可以使MG1和MG2高转速、大功率工作。通过高转速、大功率MG2和高效发动机的协同作用,达到高水平的驱动力。

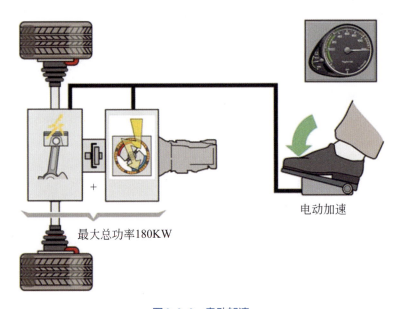

图9-1-9 电动加速

电动机减速行星齿轮机构(复合齿轮机构)的目的是降低电动机转速、增大转矩,更好地与发动机配合驱动车辆。丰田THS-Ⅱ系统组成如图9-1-10所示。

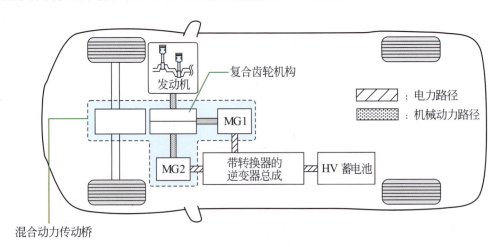

图9-1-10 丰田THS-Ⅱ系统组成

电动/发电机（MG1）和电动/发电机（MG2）为紧凑、轻型和高效的永磁交流同步电动机。上述电动机用来驱动车辆和提供再生制动。MG1和MG2特点如下。

① 再生制动过程中，MG2将车辆的动能转换为电能，并存储到HV蓄电池内。

② MG1对HV蓄电池再充电并供电以驱动MG2。此外，通过调节发电量（从而改变发电机转速），MG1有效地控制传动桥的无级变速功能。同时，MG1还可作为起动机来启动发动机。

③ MG1和MG2所使用的转子含有V形布局的高磁力永久磁铁，可最大程度地产生磁阻转矩。所使用的定子由低铁芯耗损的电磁钢板和可承受高压的绕组线束制成。通过上述措施，MG1和MG2可在紧凑结构下实现大功率和高转矩。MG1和MG2结构如图9-1-11所示。

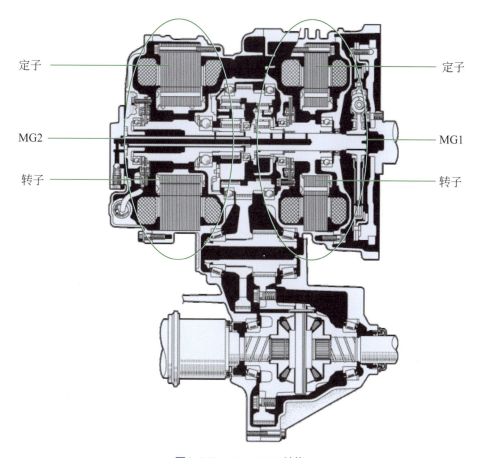

图9-1-11 Mg1、MG2结构

9.2 奥迪Q5混合动力

9.2.1 奥迪Q5系统组成

奥迪Q5混合动力系统组件如图9-2-1所示。

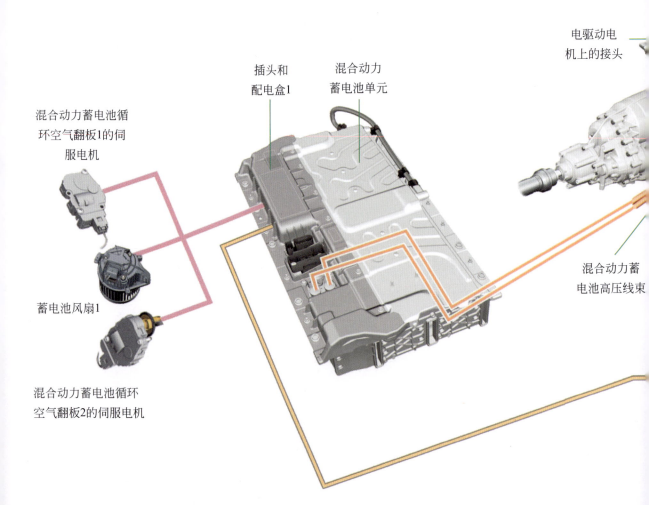

图9-2-1　奥迪Q5混合动力系统组件

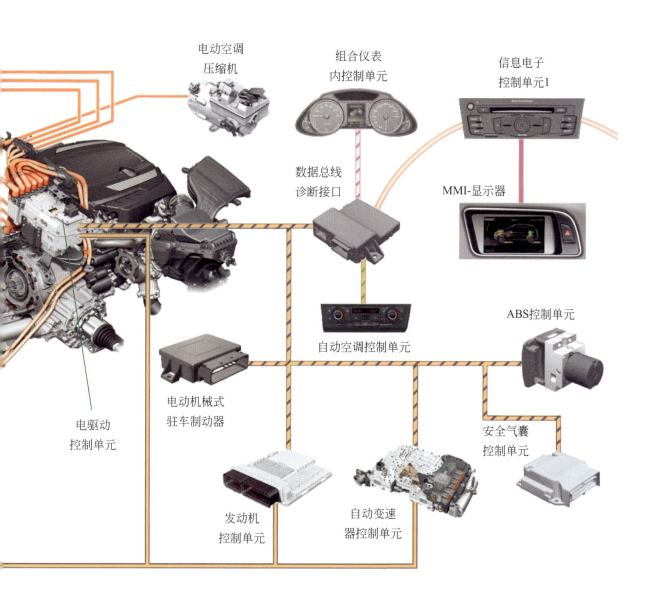

图9-2-1展示了使用电驱动装置电动机来驱动行驶时所用到的部件。所有参与行驶的车辆系统之间要交换大量的输入和输出信号，比如用于驱动暖风和空调、助力转向和制动器等。最重要的是在从电驱动切换到发动机驱动或反之时，系统的配合问题，以便使得驱动力矩的变化不影响行驶舒适性。因此，发动机管理系统、变速器管理系统和混合动力调节系统之间的配合就需要非常精确了。对于发动机驱动和电动驱动来说，发动机控制单元是上级控制单元（就是主控制单元）。

9.2.2 功率表

奥迪Q5混合动力车型的仪表板上，功率表取代了发动机转速表；高压蓄电池的充电状态表取代了冷却液温度表。在行车过程中，功率表上会显示车辆各种状态，混合动力系统的动力输出情况和充电功率情况等。功率表显示信息如图9-2-2所示。

图9-2-2 功率表显示

9.2.3 高压蓄电池及其冷却

混合动力蓄电池单元安装在行李厢内的备胎坑中，外观如图9-2-3所示，它由下述部件构成：高压蓄电池A38、蓄电池调节控制单元、保养插头接口、安全插头接口、高压线束接口、12V车载电网接口。壳体使用电位补偿线（电位均衡线）与车辆相连。在这个蓄电池壳体内，集成有用于吸入和排出冷却空气的接口。为了能在蓄电池有故障时通过一个通气软管将溢出的气体引至车底部位，就在该壳体上装了一个有害气体通气管。

蓄电池在充电时，其化学反应过程与放电时是相反的。在这个热力学过程中会放出热量，导致蓄电池温度升高。由于高压蓄电池总是在不断地充电、放电，会产生较大的热量。电池温度升高除了导致蓄电池老化外，最重要的是还会使得相关导体上的电阻增大，这会导致电能不转换为功，而是转换成热量释放掉。因此，高压蓄电池有一个冷却模块，该模块上有自己的蒸发器，并连接在电动空调压缩机的冷却液循环管路上。高压蓄电池的冷却模块外观如图9-2-4所示。

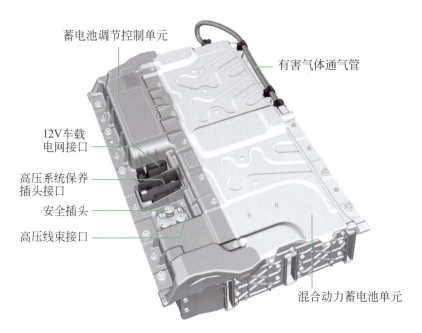

图 9-2-3　混合动力蓄电池单元外观

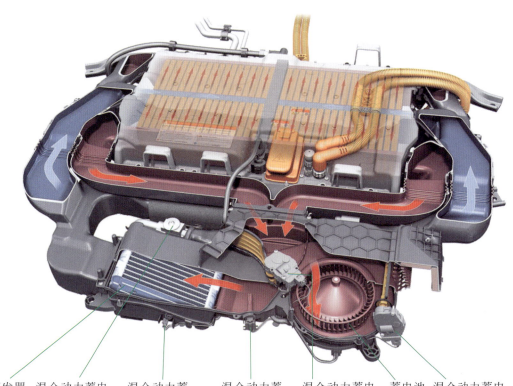

图 9-2-4　高压蓄电池冷却模块外观

冷却模块的部件有如下部件：蓄电池风扇1、混合动力蓄电池循环空气翻板1的伺服电机、混合动力蓄电池循环空气翻板2的伺服电机、混合动力蓄电池蒸发器前的温度传感器、混合动力蓄电池蒸发器后的温度传感器、混合动力蓄电池冷却液截止阀1、混合动力蓄电池冷却液截止阀2。另外，在混合动力蓄电池壳体与高压蓄电池两个部分之间，安装了6个温度传感器，每个传感器都位于冷却模块上的蓄电池冷却空气入口或出口处。

如果蓄电池管理控制单元通过蒸发器前传感器或者蒸发器后传感器，探测到蓄电池的温度过高了，那么控制单元就会接通风扇。根据具体温度情况，在蒸发器工作时可从新鲜空气模式切换为循环空气模式。

在新鲜空气工作模式时，风扇从备胎坑内抽入空气，空气经蒸发器被引入到蓄电池，热空气经后保险杠下方被引出。

在循环空气工作模式时，循环空气翻板1和2都是关闭的，不会吸入新鲜空气。

在需要时，控制单元将请求信息通过CAN总线发送给空调控制单元，以便接通电动空调压缩机。

混合动力蓄电池冷却液截止阀1在未通电时是关闭的，它控制去往混合动力蓄电池空调器的冷却液液流；混合动力蓄电池冷却液截止阀2在未通电时是打开的，它控制去往车内空调器的冷却液液流。

9.2.4 电驱动装置的电动机

电驱动装置的电动机安装位置如图9-2-5所示。

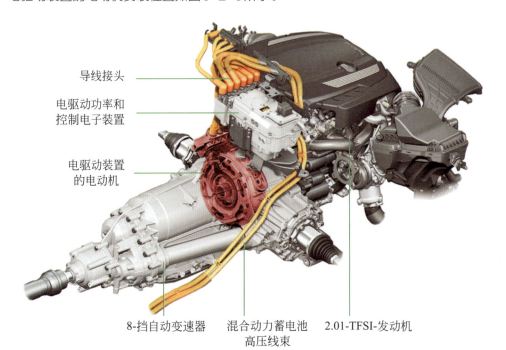

图9-2-5 电驱动装置电动机的安装位置

电驱动装置的电动机安装在发动机和自动变速器之间的空隙处，取代了变扭器。该电动机是交流永磁同步电动机，由一个三相场来驱动。转子上装备有永久磁铁。电驱动装置的电动机集成在三相交流驱动装置内。电驱动装置的电动机由电驱动控制单元和电驱动功率和控制电子装置来操控，通过改变频率来调节转速，通过脉冲宽度调制来调节转矩。

　　通过功率控制电子装置来将266V的直流电转换成三相交流电，这个三相电可在电驱动装置的电动机内产生一个三相电磁场。

　　电驱动装置的电动机用于启动发动机、在发电机模式时借助于电驱动功率和控制电子装置内的DC/DC变压器来给高压蓄电池和12V蓄电池充电。Audi Q5 hybrid quattro车可使用这个电驱动装置的电动机来以纯电动方式驱动车辆行驶（但是车速和可达里程是受限制的），且该电动机可在车辆加速（Boost）时给发动机提供助力。如果混合动力管理器识别出电驱动装置的电动机足够用于驱动车辆行驶了，就会关闭发动机。

　　电驱动装置电动机结构如图9-2-6所示。

图9-2-6　电驱动装置电动机结构

电驱动装置的电动机是水冷式的,它集成在发动机的高温循环管路上。冷却液是由高温循环管路冷却液泵根据情况来进行调节(分三级,就是有三挡),该泵由发动机控制单元来操控。电驱动装置温度传感器是个负温度系数电阻,它测量电驱动装置电动机线圈间的温度。如果这个温度高于180~200℃,那么电驱动装置电动机的功率就被降至零了(在发电机模式和电动行驶时)。重新启动发动机取决于电驱动装置电动机的温度情况,必要时可通过12V起动机来启动发动机。电驱动装置位置传感器1-G713是按坐标转换器原理来工作的,它用于侦测转子的实际转速和角位置。

电驱动装置温度传感器1-G712:该传感器用于测量电驱动装置电动机线圈间的温度,来判定出该电动机的最热点。这个温度传感器的信号用于操控高温循环的冷却能力,见图9-2-7。

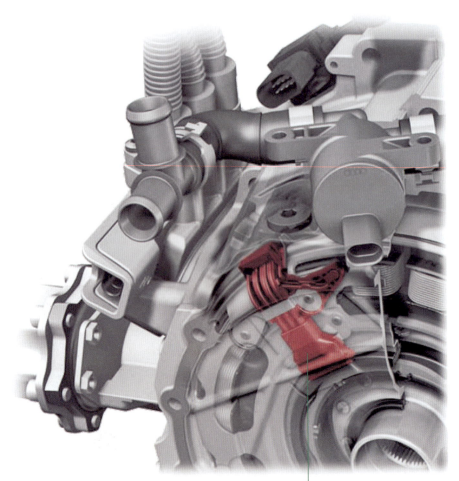

电驱动装置温度和位置传感器G712和G713

图9-2-7　电驱动装置温度和位置传感器

电驱动装置位置传感器1-G713：由于带有自己的转速传感器的发动机在以电动模式工作时，与电驱动装置的电动机是断开的，因此电驱动装置的电动机需要有自己的传感器，以便用于侦测转子位置和转子转速。为此，就在电驱动装置的电动机内集成了一个转速传感器。失效时的影响：该传感器要是出故障了，那么组合仪表上就会显示红色的混合动力系统警告灯。电动机关闭，车辆滑行至停止，无法使用电动方式来驱动车辆行驶了，发电机这个工作模式失效，无法启动发动机，驾驶员应寻求服务站帮助。发动机管理系统和变速器管理系统根据这个传感器传来的信号，来判断电驱动装置的电动机是否转动以及转速是多少，见图9-2-8。

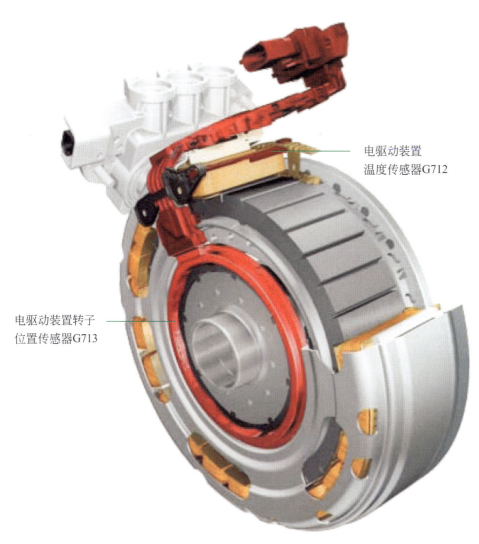

图9-2-8　电驱动装置温度和转子位置传感器

9.2.5 混合动力车系空调系统

混合动力车系空调系统组成如图9-2-9所示。

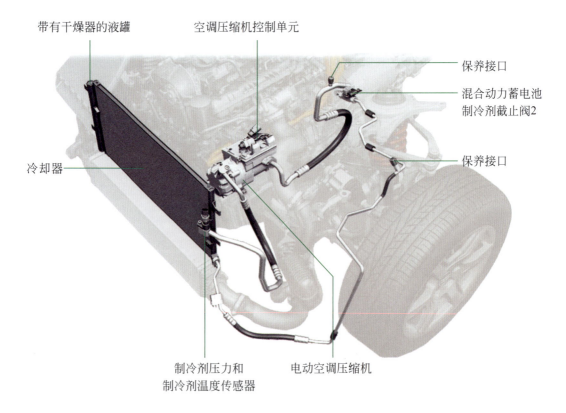

图9-2-9 混合动力车系空调装置

新能源汽车一般不再使用皮带驱动的空调压缩机,而是电动空调压缩机。压缩机使用高压回路的电压来工作,并连接在功率控制电子装置上。在电动空调压缩机上,集成有空调压缩机控制单元。该控制单元连接在扩展CAN总线上。转速通过脉冲宽度调制(PWM)信号来调节。压缩机由自动空调控制单元来激活。车内空调系统的"OFF"或者"AC关闭"功能只会影响到为车内制冷的空调。对高压蓄电池进行冷却,是单独激活该压缩机的(不依赖于自动空调控制单元)。另外还安装了柴油发动机上常见的、用于空气辅助加热器的PTC(正温度系数)加热元件。

电动空调压缩机外观如图9-2-10所示。

电动空调压缩机是用螺栓拧在缸体上的,它通过高压线与功率和控制电子装置连接。该高压线与其他高压线不同,它有一个用于高压的双圆形触点和两个用于安全线的触点。

空调压缩机的电气系统连接如图9-2-11所示。

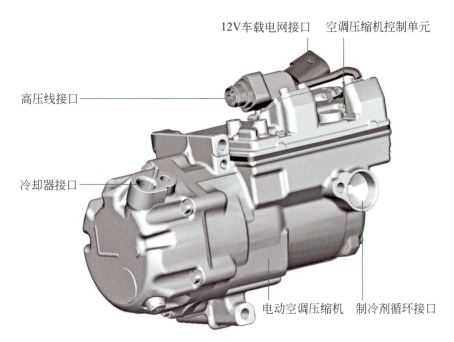

图 9-2-10　电动空调压缩机外观

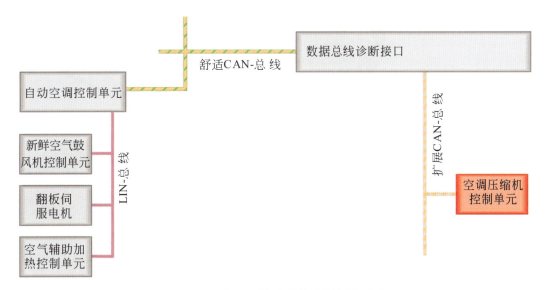

图 9-2-11　空调压缩机与总线系统的电气连接

9.2.6　高压系统

（1）高压系统组成

高压系统组成如图 9-2-12 所示。在高压系统内要完成 IT 线路结构转换。I 代表绝缘传递电能（通过单独的、对车身绝缘的正极导线和负极导线）；T 表示所有用电器都采用等电位与车身相连。

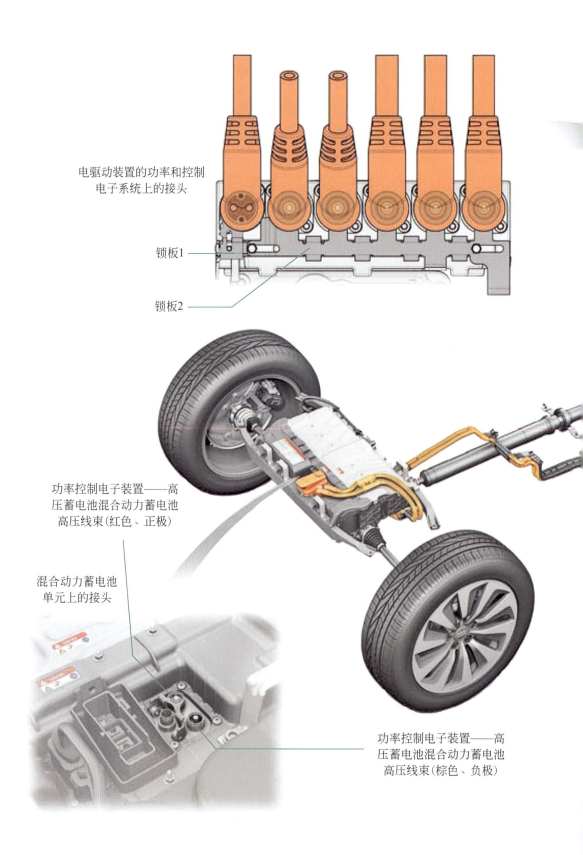

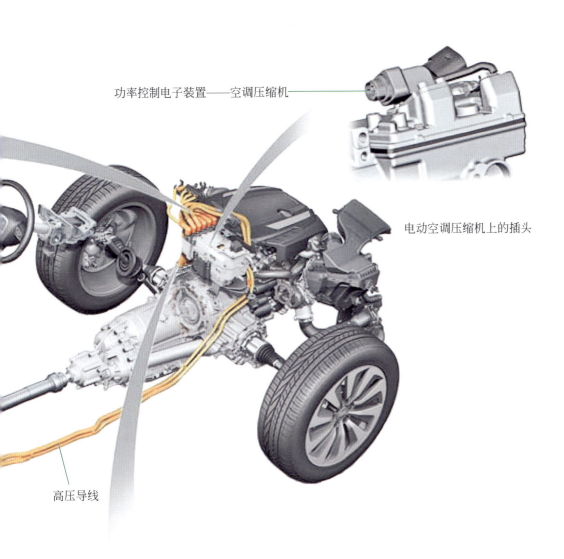

图9-2-12　高压系统组成

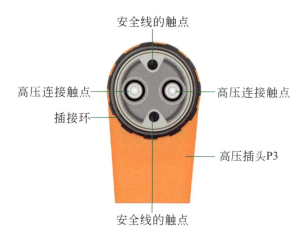

图 9-2-13　高压插头 P3

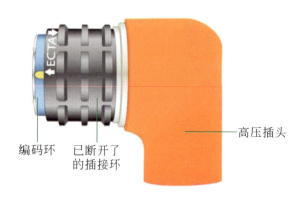

图 9-2-14　断开插接环的高压插头 P4

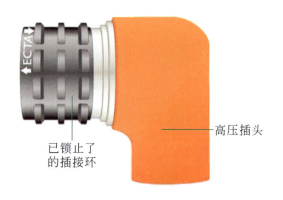

图 9-2-15　锁止插接环的高压插头 P4

（2）高压线

高压装置的导线与车载电网和 12V 电气系统用的导线是有明显区别的。由于电压高、电流大，所以高压装置导线的横截面积要明显大一些，且使用专用的插头触点来连接。为了让人们注意高压电的危险性，高压装置的所有导线都是橙色的。统一规定：所有高压导电线都制成为橙色。为避免安装错误，高压线都有机械编码并用一个插接环下面的颜色环做上了标记。另外，高压线的圆形触点上也有机械编码。在高压车载电网中，所有插头都有防接触层，所有高压导线都有厚厚的绝缘层和一个波纹管。

高压装置内有如下线路段：从高压蓄电池到功率控制电子装置的两根高压线（P1、P2）、从功率控制电子装置到电驱动装置电动机的三根高压导线（P4、P5、P6）、从功率控制电子装置到空调压缩机的一根双芯高压线（P3）。

（3）高压插头

① 高压插头触点。导线高压插头 P3 与其他导线插头是不同的，该插头为双芯且有一个双圆形触点和两个用于安全线的触点，如图 9-2-13 所示。

② 编码环。如果向上拔出并松开插接环的话，就能看见环编码的颜色了。在插上了插头后，必须向下压插接环，直至其卡止，如图 9-2-14、图 9-2-15 所示。

③ 机械编码。除了通过颜色环来标出编码外，高压插头和接口上还有机械编码。编码的位置用黄色标记标出，如图 9-2-16 所示。

（4）功率控制电子装置的连接

① P1、P2——从高压蓄电池到功率控制电子装置混合动力蓄电池高压线束PX1，见图9-2-17。高压蓄电池和功率控制电子装置是通过两根橙色的高压线连接的。这两根导线是单极的，都有屏蔽功能，有各自的电位。

② P3——从功率控制电子装置到空调压缩机。空调压缩机是通过一根双芯导线与功率控制电子装置相连的。采用颜色标识和机械标识来防止弄混高压线。该导线是双极的，带有屏蔽功能和安全线。如果将该导线两个插头中的一个拔下了，那么这就相当于拔下了安全插头，就是说高压系统就被关闭了，如图9-2-18所示。

③ P4、P5、P6——从功率控制电子装置到电驱动装置电动机，电动机高压线束PX2。在功率控制电子装置内，将高压蓄电池的266V直流电通过DC/AC变压器转换成三相交流电，用于驱动电驱动装置电动机。电驱动装置电动机与功率控制电子装置是通过三根短的高压电缆连接的。这几根导线是单极的并带有屏蔽功能，与其他导线一样也都有颜色标识和机械标识，以免彼此弄混，如图9-2-19所示。

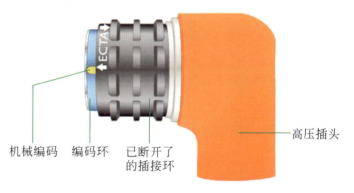

图9-2-16　高压插头P4的机械编码

图9-2-17　接头P1、P2

图9-2-18　接头P3

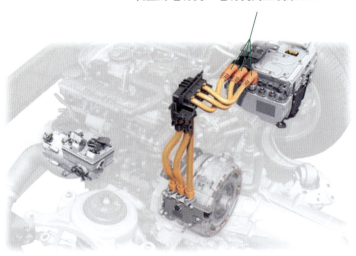

图9-2-19 接头P4、P5、P6

（5）高压供电结构

高压供电结构如图9-2-20所示。

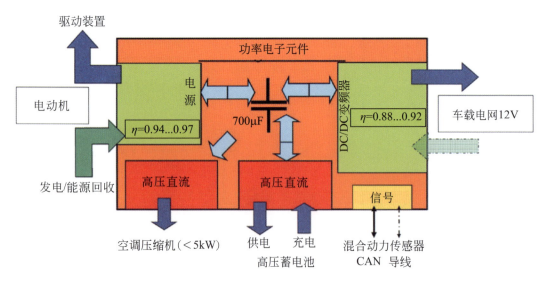

图9-2-20 高压供电结构

9.2.7　12V车载电网系统

12V车载电网系统如图9-2-21所示。

图9-2-21　12V车载供电网

12V车载供电网取消了低压交流发电机,其功能由电驱动装置电动机(交流驱动的)来接管。12V车载供电网由功率控制电子装置中的DC/DC-变压器来供电。还有一个备用蓄电池A1(12A·h)安装在左后侧围板内。

12V辅助起动机:这个辅助起动机只在特定情况下用于启动发动机。这时蓄电池A(68A·h)就由发动机控制单元通过启动蓄电池转换继电器J580来与车载供电网断开了,以便将全部能量都用于起动机。断开后的车载电网由备用蓄电池A1和DC/DC变压器来供电。要想使用这个12V辅助起动机,备用蓄电池的温度不能低于0℃。如果高压系统无法使用的话,那么也就无法使用12V启动了。说明:在检修12V车载供电网时,必须将这两个12V蓄电池的接线都断开。跨接启动螺栓可在诊断时提供帮助。通过外接启动螺栓可以给12V蓄电池充电,备用蓄电池只有在接通点火开关时才能充上电。在12V蓄电池没电了时,可借助于跨接启动螺栓来启动。通过外接启动螺栓可以给高压蓄电池充电。

9.3 奔驰混合动力汽车

9.3.1 系统组成

新款梅赛德斯-奔驰S400 hybrid基于S350研发而成,但其传动系统做出了明显改进。改进包括进一步研发的3.5L V6汽油发动机、附加的持续通电同步电动机、为配合混合动力模块而专门设计的七挡自动变速箱、所需的动力和控制电子装置、变压器和锂离子蓄电池,见图9-3-1。

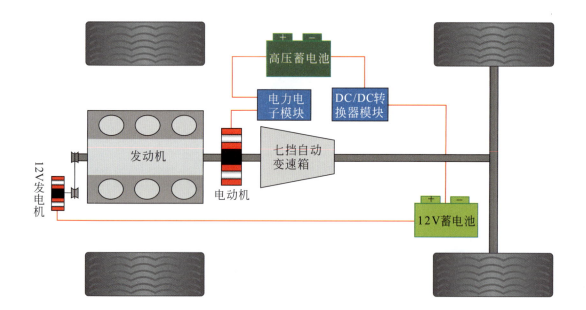

图9-3-1 奔驰混合动力汽车系统组成

S500 Plug-In Hybrid系统组成如图9-3-2所示。

S400 hybrid配备了平行混合动力驱动系统。通过该驱动系统,发动机和电动机均与驱动轮机械相连(发动机和电动机的平行连接)。电动机和发动机所提供的功率可以进行叠加,这就意味着二者可分别保持更低的额定功率,但仅使用电动驱动系统无法驱动车辆。

奔驰S500 Plug-In Hybrid(插电式混合动力系统)的动力蓄电池相比S400 hybrid车型容量增大了10倍,而且可以经过外部充电插座进行充电。S500 Plug-In Hybrid车型最多可以利用电动机以纯电动模式行驶30km。

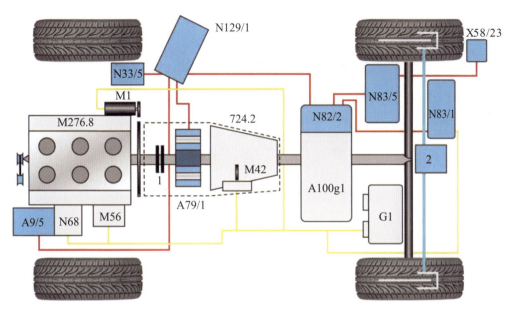

图9-3-2　S500 Plug-In Hybrid系统组成

1—湿式离合器（NAK）；2—再生制动系统（RBS）；724.2—自动变速箱；A9/5—电动制冷剂压缩机；A79/1—电动机；A100g1—高电压蓄电池；G1—车载电气系统蓄电池；M1—起动机；M276.8—发动机；M42—电动辅助油泵（集成在变速箱内）；M56—真空泵（电动）；N33/5—高电压正温度系数加热器；N68—电子动力转向控制单元；N82/2—蓄电池管理系统控制单元；N83/1—直流转换器控制单元；N83/5—充电装置；N129/1—功率电子装置控制单元；X58/23—充电装置供电插座

9.3.2　工作模式

（1）驱动模式

混合动力驱动系统各种驱动模式的当前动力流可在驾驶室管理及数据系统（COMAND）显示单元上加以显示。在驱动模式下，动力仅由发动机流向后轴，见图9-3-3。

图9-3-3　驱动模式

图9-3-4 加速模式

(2) 加速模式

在加速模式下，动力由发动机和电动机流向后轴。高压蓄电池对电动机供电，然后由电动机产生驱动转矩，以对发动机所产生的转矩提供支持，见图9-3-4。

图9-3-5 发动机模式

(3) 发电（能量回收）模式

在发电（能量回收）模式下，动力由后轴流向电动机。电动机将车辆的动能转化为电能。电动机发挥高压发电机的作用，并对高压蓄电池充电，见图9-3-5。

9.3.3 驱动电动机

(1) 部件位置

S400混合动力车型混合动力系统右前视图如图9-3-6所示，俯视图如图9-3-7所示。

图9-3-6 车辆右前视图

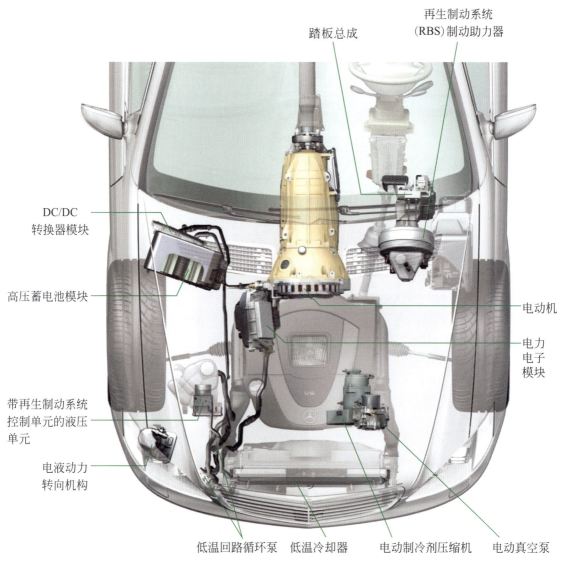

图 9-3-7 混合动力部件俯视图

（2）发动机

发动机272.974针对混合动力驱动进行了改进和优化。由于采用了新气缸盖、具有改进后的可变正时凸轮轴以及有别于原型的活塞，输出功率增加了5kW。提高了热效率，改善了燃油消耗率，从而降低了车辆在部分负荷条件下的燃油消耗量。电动机的转子与曲轴直接相连，并位于发动机与自动变速箱之间。

注意：Atkinson原理通过在进气和压缩阶段之间短时间打开进气门来优化气门正时，从而使膨胀阶段长于压缩阶段。

(3)电动机

电动机安装位置及剖面图分别如图9-3-8、图9-3-9所示。

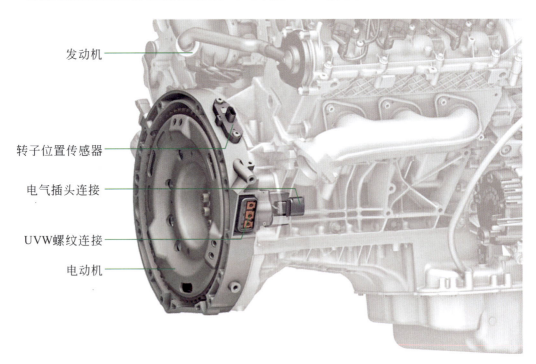

图9-3-8 电动机安装位置

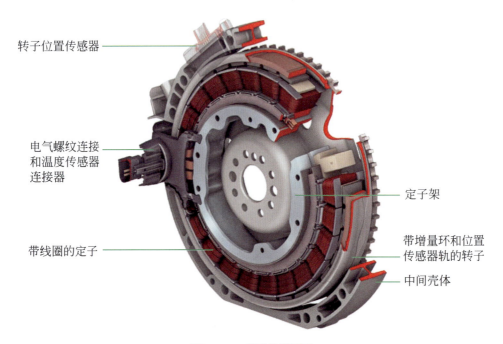

图9-3-9 电动机剖面图

盘形电动机是持续通电同步电动机,安装在发动机与自动变速箱之间,具有起动机和高压发电机的功能,该设计也被称为起动/发电机。

电动机充当减振元件的作用,以降低行驶/扭转振动。根据工作模式,电动机可以沿曲轴转动方向施加转矩,以启动发动机(发动机模式),或沿曲轴转动方向的反方向施加转矩,以对高压蓄电池充电(发电机模式)。起步过程中,电动机为发电机提供支持(升压模式);施加制动过程中,部分制动能量被转化为电能(再生制动)。各种工作模式(发动机模式/发电机模式)之间的切换由电力电子控制单元进行控制。电力电子装置通过三条母线与电动机的三个电源连接相连。三相电流根据工作模式和转子的位置进行调节。这些相电流产生一个磁场,并与转子磁场一起产生转动所需的转矩,电动机的分解图如图9-3-10所示。

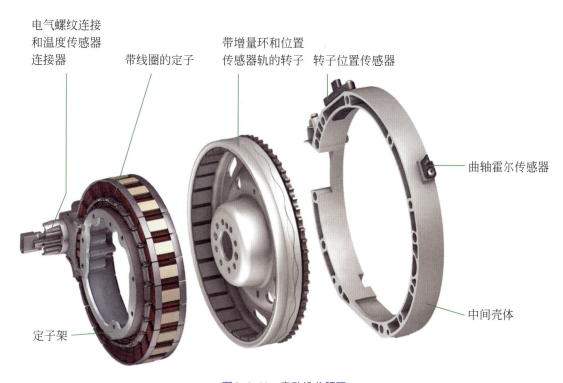

图9-3-10 电动机分解图

(4)自动变速箱

S400 hybrid配备了七挡自动变速箱(7G-TRONIC),如图9-3-11所示。变速箱针对混合动力驱动系统进行了改进。除了新的变速箱控制软件之外,还安装了一个辅助电动变速箱油泵。作为发动机起停功能的一部分,当发动机关闭或正在重新启动时,必须确保对变速箱液压装置持续供油,以防止驾驶员发出起步请求与车辆实际开始运动之间出现延迟。为此,当内部变速箱油泵因发动机关闭而停止工作时,辅助电动变速箱油泵为变速箱控制系统供油。

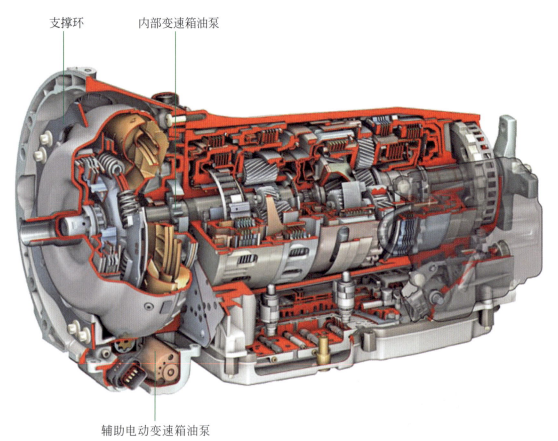

图9-3-11 自动变速箱剖面图

9.3.4 高压蓄电池

高压蓄电池模块位于发动机舱右后部，可保护高压蓄电池免受外部热量的作用，并确保物理稳定性。高压蓄电池模块包括高压蓄电池、蓄电池管理系统（BMS）控制单元和保护开关。高压蓄电池是锂离子蓄电池，可为电动机储存能量，如图9-3-12所示。与镍氢电池相比，优点有电效率更高、能量密度更高，因此重量更轻，尺寸更紧凑。

高压蓄电池通过DC/DC转换器与12V车载电气系统相连，从而可在必要时为12V车载电气系统提供支持。保护开关由蓄电池管理系统（BMS）控制单元促动，并在内部将高压蓄电池的正极和负极接线柱与高压车载电气系统绝缘。

高压蓄电池的冷却示意图如图9-3-13所示。

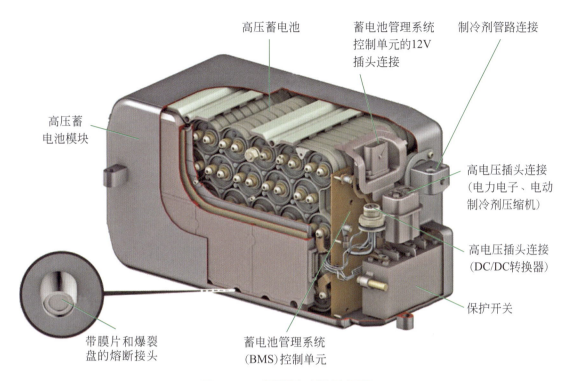

图 9-3-12 高压蓄电池模块剖面图

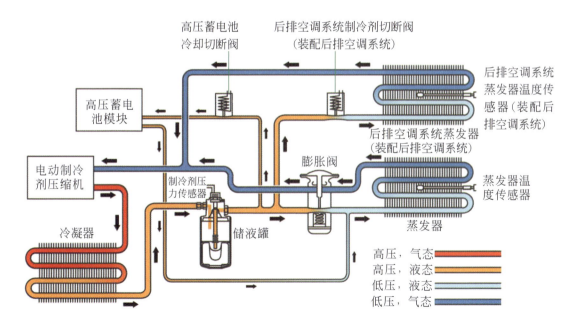

图 9-3-13 高压蓄电池冷却的示意图

9.3.5 电力电子模块

电力电子控制单元集成在电力电子模块中,位于排气歧管下方的右侧,根据请求为电动机提供三相交流电压,监测电动机的温度。

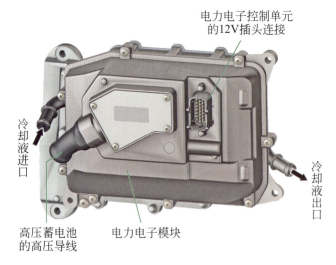

直流变压器(DC/DC转换器)位于右前轮罩中,可产生直流高压和12V的直流电压,并实现高压车载电气系统与12V车载电气系统之间的能量交换。高电压与12V电压之间可以双向转换,见图9-3-14。

电力电子模块和DC/DC转换器模块共用一个低温冷却系统,该系统与发动机的冷却系统分开,如图9-3-15和图9-3-16所示。

图9-3-14 电力电子模块的设计

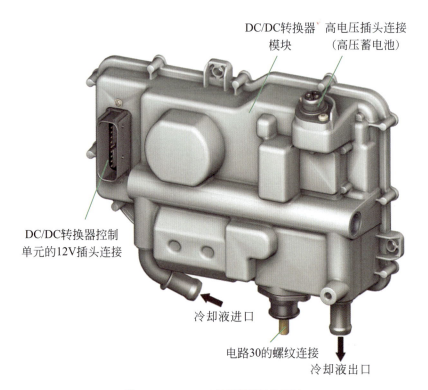

图9-3-15 DC/DC转换器模块的设计

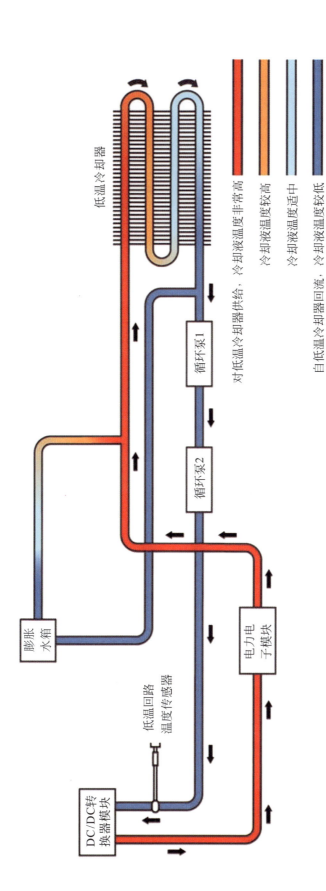

图9-3-16 电力电子冷却回路的示意图

9.4 宝马i8超级混合动力跑车

9.4.1 概览

宝马i8（研发代码I12）采用了全新开发的驱动装置。这种创新型驱动方案在车上组合使用了两种高效的驱动装置，如图9-4-1所示。该装置由一个高效的3缸汽油发动机配合一个6挡自动变速箱进行后桥驱动；由一个电动机配合一个2挡手动变速箱进行前桥驱动。两个驱动装置的巧妙配合使得i8百公里加速用时仅需4.4s。

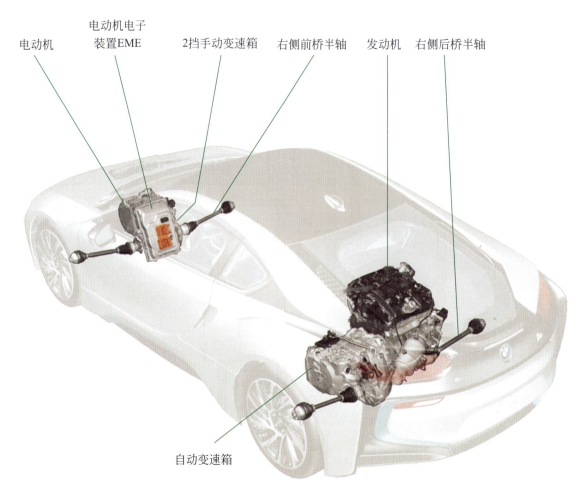

图9-4-1　宝马i8混合动力组成图

车桥混合动力是对现有宝马混合动力系统的后续开发。混合动力系统种类见图9-4-2。

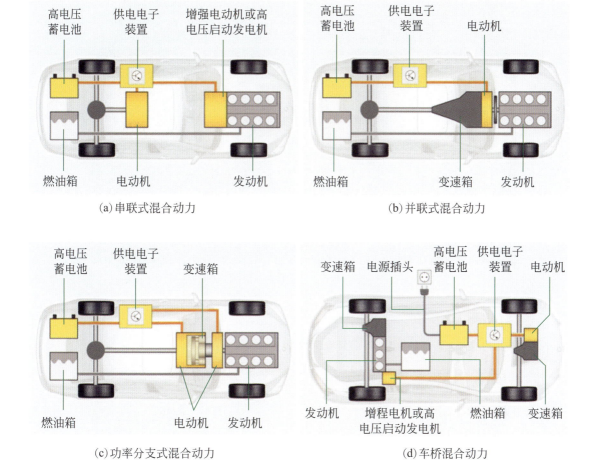

图9-4-2　宝马i8超级混合动力系统分类

宝马i8发动机为横置3缸汽油发动机，功率为170kW，位于后桥前并驱动后桥，构成典型的中置发动机后轮驱动结构形式。中置发动机的优点：可达到前后桥质量均衡从而实现更高的转弯速度；车辆前部和后部较大的区域空间可实现更好的溃缩吸能区和行人保护设计，提高被动安全性；扩展了前部区域设计方式，更容易实现空气动力学优势。

与采用标准结构的车辆不同，在i8上通过打开行李厢盖接触到B38顶级发动机，拆卸一个盖板后即可从上方接触到发动机。可通过该方式添加发动机油、更换火花塞或空气滤清器。可从下方接触到用于发动机油的机油滤清器滤芯。所有其他与服务有关的接口可像以前一样通过发动机室盖接触到，见图9-4-3。

(a)行李厢盖下方视图

(b)发动机舱盖下方视图

图9-4-3 i8行李厢盖和发动机舱盖下方视图

在I12上首次采用了B38K15T0发动机。这款170kW的高效3缸汽油发动机以之前的B38发动机为基础,在I12上作为中置发动机使用,见图9-4-4。详见本书2.1.1。

9.4.2 电驱动装置

(1)简介

宝马i8的电动驱动装置位于前桥模块内,用于驱动前车轮。它由电动机、电动机电子装置、2挡手动变速箱和半轴构成。电驱动装置与发动机之间没有机械连接。电驱动装置安装示意如图9-4-5所示。2挡手动变速器的安装示意如图9-4-6所示。

图9-4-4 B38顶级发动机

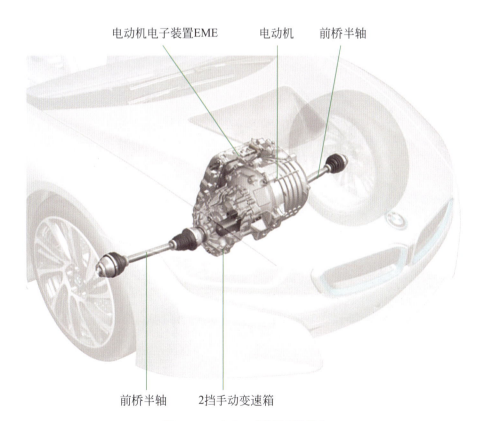

图9-4-5 电动驱动装置安装示意

（2）2挡手动变速箱

2挡手动变速箱在三个位置处固定。其中一处与电动机形成结构连接，此外还有两个支撑臂。上部支撑臂通过前桥模块上的一个压制轴承支撑2挡手动变速箱。通过下部支撑臂使变速箱与前桥托架以抗转矩方式连接在一起。采用这种设计可取消稳定杆连杆。上部和下部支撑臂分别通过三个螺栓固定在变速箱壳体上。2挡手动变速箱的壳体也用作电动制冷剂压缩机和换挡执行机构的固定架，2挡手动变速箱与半轴的机械连接如图9-4-7所示。

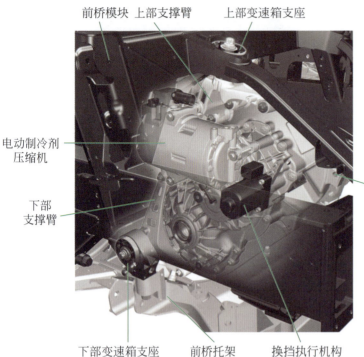

图9-4-6　I12 2挡手动变速箱固定方式

图9-4-7　2挡手动变速箱与半轴的机械连接

I12的2挡手动变速箱必须执行以下任务：将电动机的转速和转矩传输至前桥半轴，在两个半轴和驱动车轮之间进行转速补偿。

为了执行上述任务，2挡手动变速箱带有下列子组件：带有两个挡位和一个中间轴的齿轮传动机构、集成在变速箱壳体内的锥齿轮差速器、换挡执行机构。2挡手动变速器外观如图9-4-8所示，内部结构如图9-4-9所示。

图9-4-8　I12 2挡手动变速器外观

图9-4-9　I12 2挡手动变速箱内部结构

（3）驱动电动机

宝马i8驱动电动机为永磁同步交流电动机。与传统同步电动机的区别如图9-4-10所示，电动机剖视图如图9-4-11所示。

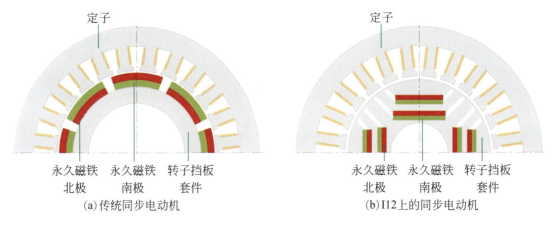

图9-4-10　同步电动机的基本结构（与传统同步电动机的区别）

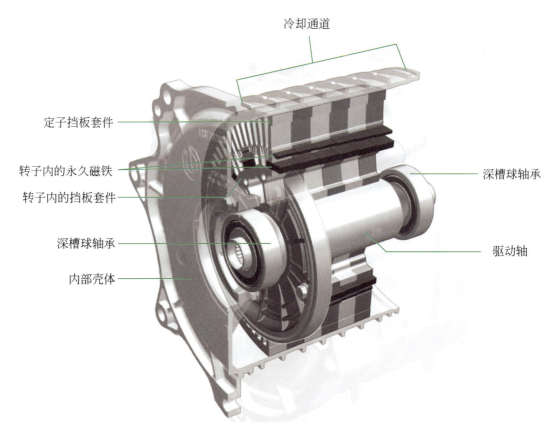

图9-4-11　电动机剖视图

图9-4-11只展示了定子不带绕组的部分。转子由一个重量经过优化且位于内部的托架、一个挡板套件和分两层布置的永久磁铁组成并热压在驱动轴上。这样可提高电动机产生的转矩。

电动机设计用于较大温度范围。输入端（供给）处冷却液温度最高可达70℃。虽然能量转换时电动机损失比发动机小，但其壳体温度最高可达100℃。

有容易受伤的危险，因为运行时电动机壳体的温度最高可达100℃。若需要进行拆卸驱动单元等工作时，必须等待足够长的时间以便冷却，如图9-4-12所示。

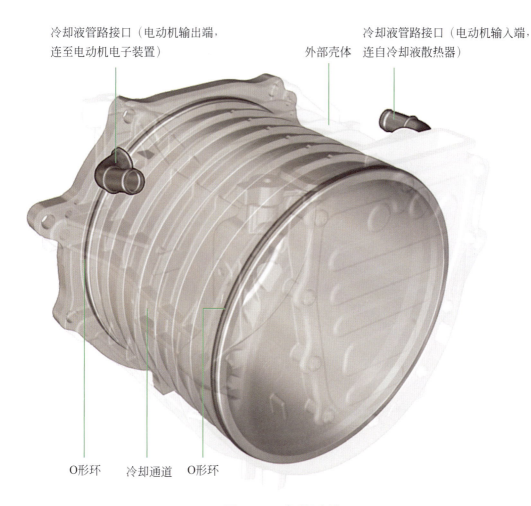

图9-4-12　电动机冷却

为避免因温度过高而造成组件损坏，电动机内有两个温度传感器。两个温度传感器位于定子绕组内。在此不直接测量转子温度，而是根据定子内的温度传感器测量值进行确定。两个温度传感器都是取决于温度的NTC型电阻。其信号以模拟方式由电动机电子装置读取和分析。为确保电动机电子装置正确计算和产生定子内绕组电压的振幅和相位，必须知道准确的转子角度位置。因此在离开变速箱的驱动轴端部处有一个转子位置传感器，传感器安装位置如图9-4-13所示。

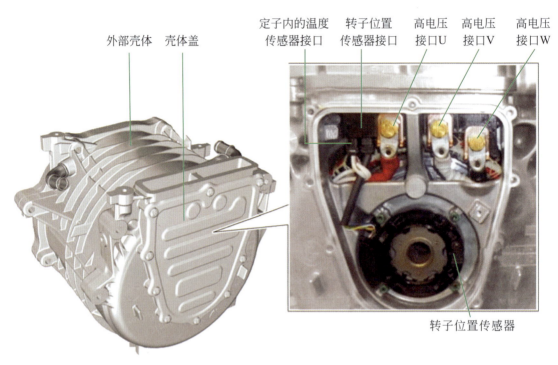

图9-4-13 电动机的电气接口（转子位置传感器安装位置）

（4）外部特征和机械接口

电动机外部特征和机械接口与安装固定分别如图9-4-14和图9-4-15所示。

图9-4-14 电动机的外部特征和机械接口

电动机电子装置位于电动机上方后部。为了确保支撑力充足，电动机壳体增加了一个支撑结构。通过结构连接方式将转矩从电动机驱动轴传输至变速箱输入轴。为此两个轴都带有花键，如图9-4-15所示。

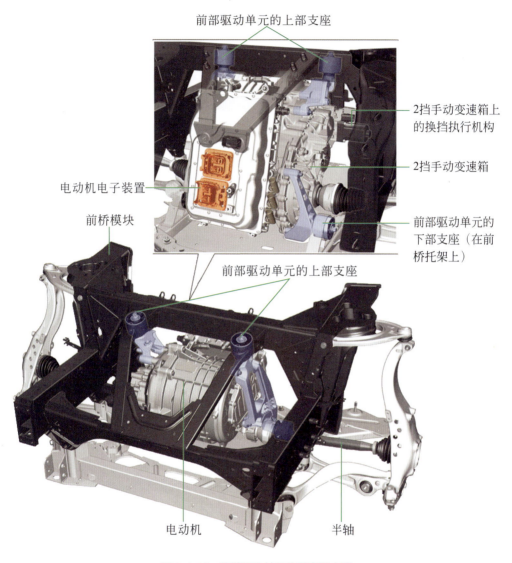

图9-4-15　前部驱动单元的固定和支撑

9.4.3　运行策略

运行策略旨在确保车辆的最高效率和动力性。它使驱动组件以智能化和创新型方式进行配合，从而实现多重功能。这种多功能性也体现在驾驶模式上，驾驶员可通过驾驶模式随时直接影响运行策略从而影响行驶特性。驾驶模式分为舒适模式、ECO PRO模式、运动模式和Max eDrive模式，如图9-4-16所示。

在舒适模式下，可根据情况将驾驶员转矩要求分配给电动机和发动机，从而确保始终以最高效率行驶。根据需要，驾驶员可以纯电动方式行驶（Max eDrive）。在运动模式下则可提供最大系统功率，电动驱动装置通过助推功能为发动机提供支持。通过这种方式驾驶模式可直接影响不同功能特性：选择驱动桥、系统功率、行驶动力性、可达里程、提高负荷点、助推功能、能量回收利用。

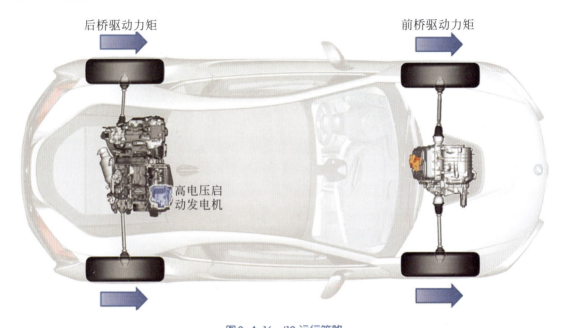

图9-4-16　I12 运行策略

（1）舒适模式

舒适模式即标准模式。每次起动车辆后就会启用该模式，可通过驾驶体验开关进行选择，如图9-4-17所示。

根据加速踏板的位置，在电动驱动装置与发动机之间根据情况针对效率、牵引力、能量回收利用和动力性进行力矩分配。高电压蓄电池充满电时，在车速不超过60km/h的情况下主要使用电动驱动装置并使高电压蓄电池放电。这种行驶状态也称为Auto eDrive，在城市环境下使用时发动机关闭，通过前部电动机进行能量回收利用时（例如滑行至红

图9-4-17　I12 驾驶体验开关

灯前），会向高电压蓄电池充电。只有在负荷要求较高的情况下才会自动接通发动机。处于城市环境以外时通常使用发动机作为驱动装置同时为高电压蓄电池充电。将充电状态保持在特定范围内，从而为助推功能提供充足电能。在能量回收利用过程中出现的减速与传统车辆的正常发动机制拖力矩相近。

出现以下情况时就会接通发动机：车速超过60km/h、快速操作加速踏板、负荷要求较高（加速踏板角度较大）、电量过低、强制降挡。

出现以下情况时就会关闭发动机：操作制动踏板且车速低于75km/h、车辆处于静止状态（发动机节能起停功能）。

（2）ECO PRO（节能）模式

通过驾驶体验开关启用ECO PRO（节能）模式。主要通过以下措施提高可达里程：通过更改自动变速箱车辆的加速踏板特性曲线和换挡模式，辅助驾驶员采取优化耗油量的驾驶方式；降低电动舒适用电器（例如后视镜加热装置）的功率；降低暖风和空调系统的功率。在特定条件下可降低以下舒适用电器的功率：后视镜加热装置、座椅加热装置、后窗玻璃加热装置、降低暖风和空调系统功率进行空气调节时采用舒适性适度受限的低能耗运行策略。如果能在不制冷的情况下达到所需温度，就会关闭电动制冷剂压缩机。

（3）运动模式

在运动模式下可提供266kW（362HP）的最大系统功率，为此驾驶员必须向左移动选挡开关。在自动变速箱内也可实现手动换挡。在运动模式下始终接通发动机。发动机节能启停功能停用。电动机用于助推功能。在此驾驶模式下无法以纯电动方式行驶。高电压启动发电机可主动为高电压蓄电池充电，因此始终可为助推功能提供充足能量。

（4）Max eDrive（纯电动）模式

可通过Max eDrive模式在不超过120km/h的情况下以纯电动方式行驶。可达里程约为37km。启用该模式时必须操作START-SOP按钮下的eDrive按钮，如图9-4-18所示。可在舒适以及ECO PRO模式下启用Max eDrive模式，从而防止启动发动机。

eDrive按钮

图9-4-18　eDrive按钮位置

9.4.4 高压蓄电池

（1）安装位置与结构

宝马i8高压蓄电池采用了锂离子单体电池串联而成。每个单体电池电压为3.7V，共96个单体电池串联，得到额定电压为355V的高压蓄电池组，安装位置如图9-4-19所示。

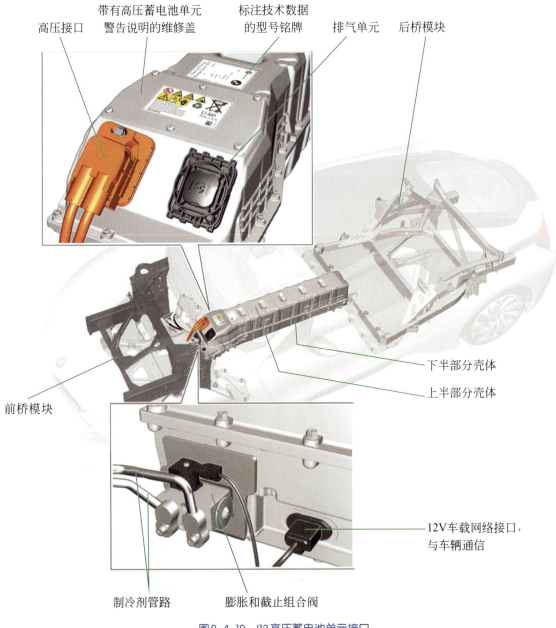

图9-4-19　I12高压蓄电池单元接口

高压蓄电池单元有六个串联连接的电池模块构成。每个电池模块都分配了两个电池监控电子装置。电池模块自身由十六个串联连接的电池构成。每个电池的额定电压为3.7V，额定电容量为20A·H。电池模块的顺序是固定的，从前部下方开始。如图9-4-20所示。

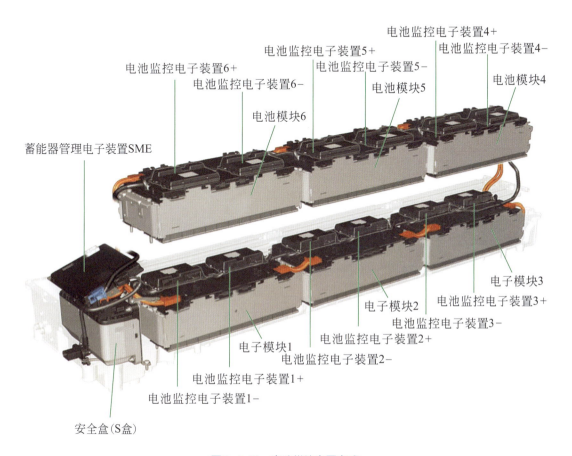

图9-4-20　电池模块布置方式

（2）高压蓄电池排气冷却系统

① 排气单元。排气单元有两项任务。第一项任务是补偿高电压蓄电池单元内部和外部的较大压力差。只有某一电池损坏时才会产生这种压力差。在此情况下，出于安全原因，损坏电池的电池模块壳体会打开，以便降低压力。气体首先存在于高电压蓄电池单元壳体内，从此处可通过排气单元排到外面。此外热交换器泄漏和制冷剂溢出时，压力会升高。排气单元的另一项任务是向外排放高电压蓄电池单元内部产生的冷凝水。在高电压蓄电池单元内部除技术组件外还有空气。通过较低环境温度或启用冷却功能后通过制冷剂对空气或壳体进行冷却时，空气中的部分水蒸气就会冷凝。因此在高电压蓄电池单元内部可能会形成少量液态冷凝水。排气单元横截面如图9-4-21所示，安装位置如图9-4-22所示。

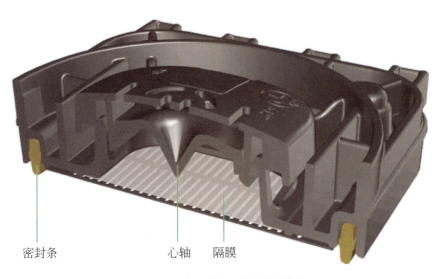

图9-4-21 高压蓄电池排气单元横截面

图9-4-22 高压蓄电池安装位置

② 高压蓄电池冷却系统。高压蓄电池单元直接通过制冷剂进行冷却。空调系统的制冷剂循环回路由两个并联支路构成：一个用于车内冷却；另一个用于高电压蓄电池单元冷却。每条支路都有一个膨胀和截止组合阀，用于相互独立地控制冷却功能。蓄能器管理电子装置可通过施加电压控制并打开高电压蓄电池单元上的膨胀和截止组合阀，使制冷剂流入高电压蓄电池单元内，在此膨胀、蒸发和吸收环境热量。高压蓄电池冷却系统如图9-4-23所示。

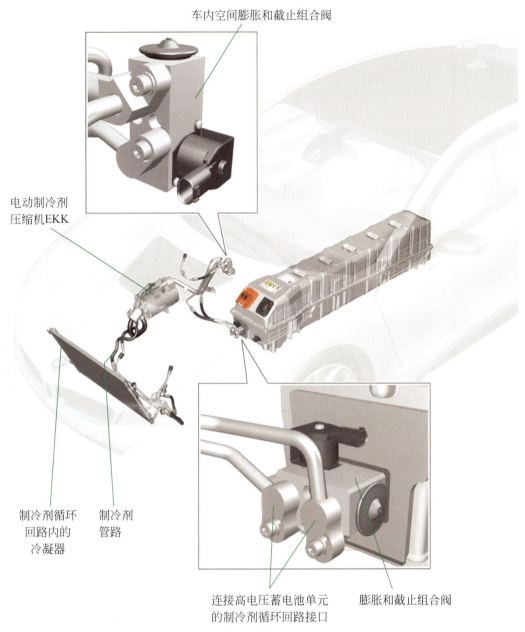

图 9-4-23 高压蓄电池单元冷却系统

将液态制冷剂喷入热交换器内时制冷剂蒸发。蒸发的制冷剂通过这种方式吸收环境空气的热量并使其冷却。之后电动制冷剂压缩机将气态制冷剂压缩至较高压力水平。之后通过冷凝器将热量排放到环境空气中并使制冷剂重新变为液态聚集状态，冷却系统制冷剂循环回路如图9-4-24所示。

在I12上根据高压蓄电池单元的安装位置采用了两个上下叠加的电池模块。为了确保通过制冷剂可使电池充分冷却，采用了一个两件式热交换器。热交换器分别位于三个上部和三个下部电池模块下方。它由铝合金平管构成，与内部冷却液管路相连。

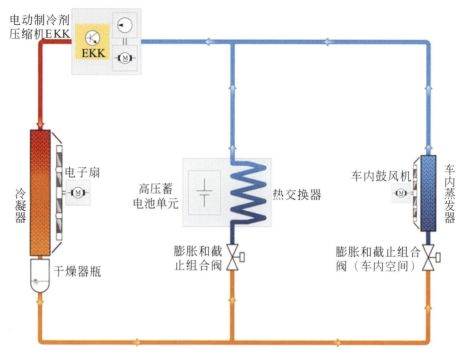

图 9-4-24 高压蓄电池的制冷剂循环回路

③ 系统组件。

a. 热交换器。在高压蓄电池单元内部,制冷剂在管路和铝合金冷却通道内流动。通过入口管路流入的制冷剂在高压蓄电池单元接口后分入上部和下部热交换器。流经供给管路的制冷剂在热交换器内分入两个冷却通道并通过流经冷却通道吸收电池模块的热量。在冷却通道端部将制冷剂输送至相邻冷却通道内,由此回流并继续吸收电池模块的热量。在端部,所有热交换器的两个回流管路汇集为一个共同的回流管路。共同的回流管路将蒸发的制冷剂输送回高压蓄电池单元接口。在下部热交换器的供给管路上装有一个温度传感器,传感器信号用于控制和监控冷却功能。热交换器结构如图 9-4-25 所示。

为了确保冷却通道完成排出电池模块热量的任务,必须以均匀分布的作用力将冷却通道整个面积压到电池模块上。该压紧力通过嵌入冷却通道的弹簧条产生。弹簧条针对电池模块几何形状和下半部分壳体进行了相应调节。下部热交换器的弹簧支撑在高压蓄电池单元的下半部分壳体上,从而将冷却通道压到电池模块上。上部热交换器的弹簧支撑在电池模块连接器之间的铝合金导轨上。

b. 制冷剂温度传感器。不直接测量制冷剂温度,而是将温度传感器安装在高压蓄电池单元内一段制冷剂管路上,安装位置如图 9-4-26 所示。根据制冷剂管路温度可确定流入的制冷剂温度以及可提供的冷却功率。制冷剂温度传感器以硬线方式与 SME 控制单元相连,在此进行信号分析。该传感器是一个 NTC 电阻,其电阻值随温度升高而减小。出现故障时可单独更换制冷剂温度传感器。

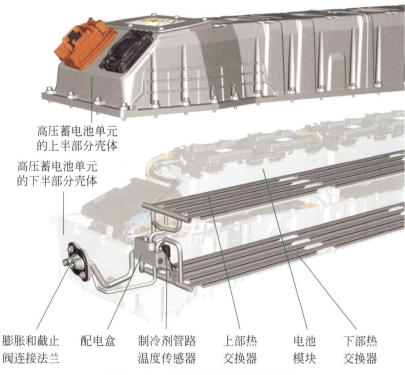

图 9-4-25　高压蓄电池的热交换器结构

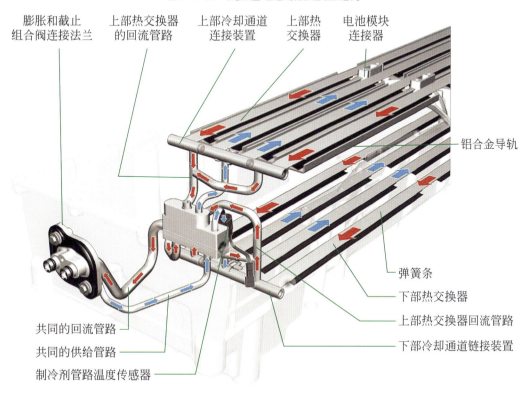

图 9-4-26　热交换器结构

c.膨胀和截止组合阀。膨胀和截止组合阀通过限制流通截面降低制冷剂压力,从而使制冷剂蒸发。这样可吸收环境热量并使电池模块冷却。此外还可关断制冷剂循环回路,从而确保不再有制冷剂流入热交换器内,如图9-4-27所示。

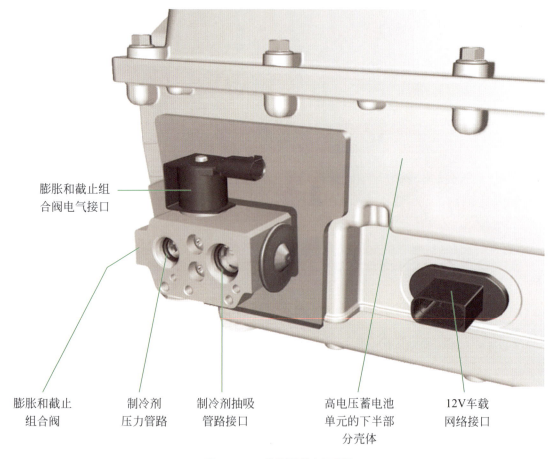

图9-4-27　膨胀和截止组合阀

虽然宝马i8的高压蓄电池也可在回收利用制动能量时通过电动机和高压启动发电机进行部分充电,但制动能量回收的电量不足以满足高压蓄电池的使用。

宝马i8有两种充电方式:交流电充电站充电或通过家用充电电缆进行充电。

通过家用充电电缆进行充电的优势在于,可将充电电缆连接到任何带有保护触点的普通家用插座上。家用充电电缆将充电电流强度限制为最大12A。例如在我国通过交流电压网络供电时,最大充电功率为2640W($U\times I$=220V×12A)。从纯粹的计算角度来说,使之前完全放电的高压蓄电池重新充满电大约需要持续1小时20分钟。

(3)高压蓄电池充电

宝马i8只能使用交流充电,可使用交流充电桩或家用交流电充电,图9-4-28所示为家用交流充电器示意图,图9-4-29为充电插头示意图。

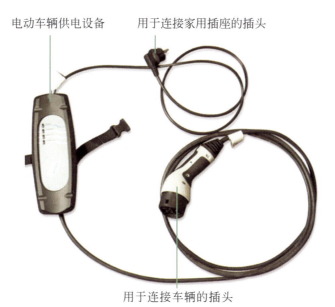

图9-4-28 集成式移动充电装置（家用交流充电器）

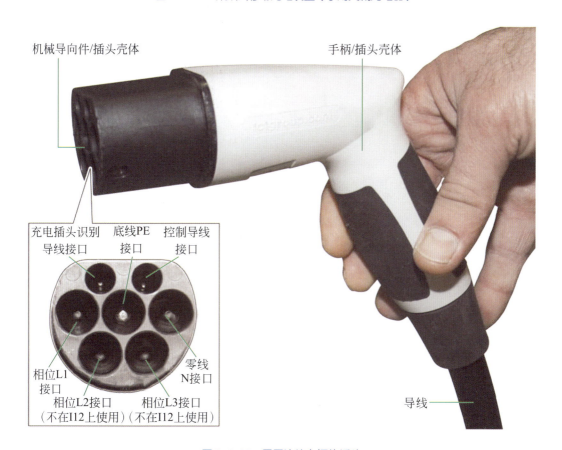

图9-4-29 用于连接车辆的插头

宝马i8的充电接口位于左前侧围板上。按压充电接口盖可操作开锁按钮并使充电接口盖开锁。充电接口盖和接口分配情况参见图9-4-30。

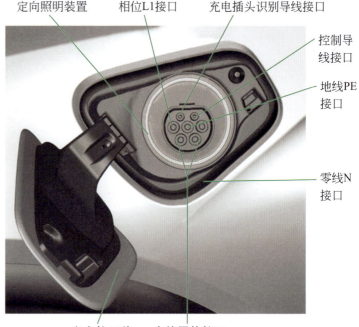

图9-4-30　车辆上的充电接口

在车辆充电接口周围有一圈可显示充电状态的环形光导纤维。此外光导纤维还用作充电接口定向照明。通过两个由LIM控制的LED进行光导纤维照明。

① 定向照明装置。充电接口定向照明装置用于插上和拔下充电电缆时为驾驶员提供方向引导。充电接口盖打开后，两个LED就会发出白光。识别出正确插入充电插头后，就会关闭定向照明装置并显示初始化状态，如图9-4-31（a）所示。

② 初始化。正确插入充电插头后就会立即开始初始化。初始化阶段最长持续10s。期间LED以频率为1Hz的橙色闪烁。成功进行初始化后可开始为高压蓄电池充电，如图9-4-31（b）所示。

(a) 定向照明装置

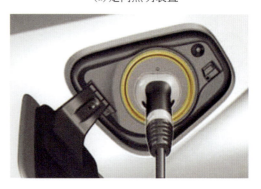

(b) 初始化

③ 充电过程启动。通过LED以蓝色闪烁表示目前正处于高压蓄电池充电过程。闪烁频率约为0.7Hz。

充电暂停：初始化阶段已顺利完成且以后才会开始充电时，充电暂停或充电就绪。在此情况下，LED以蓝色持续亮起，如图9-4-31（c）所示。

(c) 充电过程启动

④ 充电结束。LED以绿色持续亮起时表示高压蓄电池充电状态"已完全充电"，如图9-4-31（d）所示。

(d) 充电结束

⑤ 充电期间故障。如果在充电过程中出现故障，就会通过LED以红色闪烁表示相关状态。在此LED以约0.5Hz的频率闪烁3次，每三组暂停约0.8s，如图9-4-31（e）所示。

(e) 充电期间故障

图9-4-31　控制用于显示充电状态的LED

插入充电插头或车辆开锁/上锁12s后就会启用执行上述显示功能的LED。如果在此期间重新进行车辆开锁/上锁，显示持续时间就会再延长12s。

充电接口盖仅通过弹簧力保持关闭状态，不通过中控锁锁止，如图9-4-32所示。需要打开充电接口盖时必须将其压过限位位置。这样可操纵一个弹出装置从而竖起充电接口盖。此外在充电接口盖罩内装有一个传感器。传感器的状态说明充电接口盖的状态（已打开/已关闭）。

图9-4-32 充电接口盖

出于安全原因，开始充电前充电插头处于锁止状态。通过一个电控锁钩来确保锁止。电气锁止充电插头可防止充电期间拔出充电插头从而产生电弧。只要有充电电流流动，电气锁止功能就会一起启用。通过一个微型开关识别锁止状态。微型开关打开时表示充电插头处于锁止状态。微型开关关闭时表示充电插头处于中间位置或开锁状态。车辆开锁时也会以电气方式使充电插头开锁。在此之前会通过LIM结束正在进行的充电过程。电气部件损坏时（例如上锁电机失灵），可通过手动方式使充电插头开锁。应急开锁操纵按钮位于左侧A柱上一个挡板后。

9.4.5 电动机电子装置

电动机电子装置安装位置如图9-4-33所示。为了接触到电动机电子装置的电气接口，必须首先取下底板饰板和前桥托架的推力缓冲板。仅执行上述过程并不能拆卸和安装电动机电子装置，必须拆卸整个驱动单元（由2挡手动变速箱、电动机和电动机电子装置构成）。

电动机电子装置上的接口可分为四个类别：低电压接口、高电压接口、电位补偿导线接口和冷却液管路接口。电动机电子装置接口和导线安装示意如图9-4-34所示。

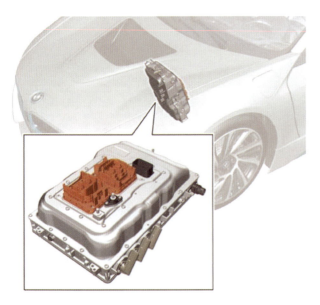

图9-4-33 电动机电子装置的安装位置

在端盖下方带有为定子绕组（高电压接口）供电的螺栓连接件和传输以下信号的两个插接连接件：电动机的转子位置传感器（供电和传感器信号）、电动机内两个温度传感器的信号，如图9-4-35所示。

每次将EME与电动机断开后都必须更换EME与三个定子绕组之间的连接螺栓。

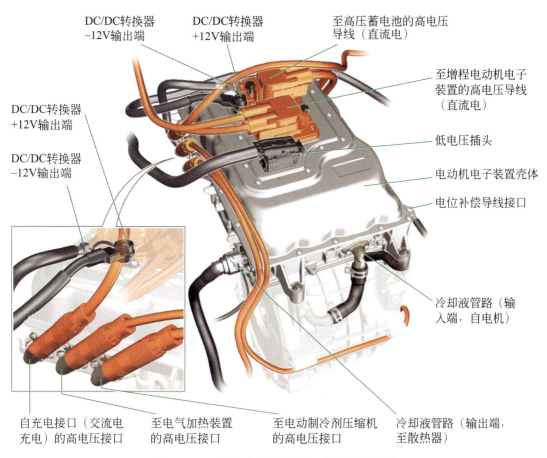

图 9-4-34　电动机电子装置的接口和导线安装示意

图 9-4-35　电动机电子装置与电动机的电气连接

9.4.6 空调压缩机

宝马i8车型的空调功能需要满足很高要求：一方面必须满足车内温度舒适的要求；另一方面必须在高温条件下对高电压蓄电池进行冷却，从而确保尽可能长的高电压蓄电池使用寿命。在宝马i8上使用一个电动空调压缩机。电动空调压缩机是一个高电压组件。

（1）安装位置和接口

电动空调压缩机通过一个支架固定在2挡手动变速箱壳体上，如图9-4-36所示，固定方式如图9-4-37所示。

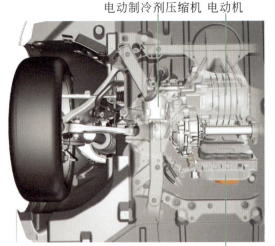

图9-4-36 压缩机的安装位置

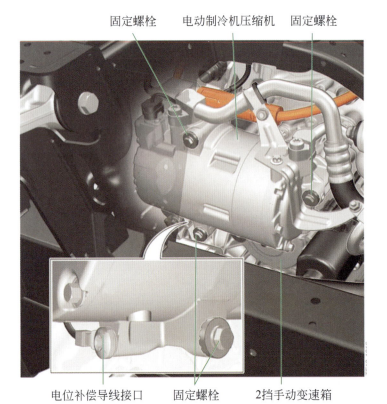

图9-4-37 压缩机的固定方式

电动空调压缩机通过三个螺栓和一个支架固定在2挡手动变速箱上。电动空调压缩机的壳体与2挡手动变速箱的壳体之间没有机械连接,这样可改善声音特性。由于两个壳体之间没有导线连接,在电动空调压缩机壳体上有一根独立电位补偿导线连接至前桥模块。

在8芯信号插头内集成有用于LIN总线、接地和12V供电(总线端30)的接口。通过压力管路内的一个专用隔音部件更好地隔绝噪声。因此即使在车辆静止状态下也几乎感觉不到空调系统噪声。电动制冷剂压缩机与2挡手动变速箱机械分离,可更好地隔绝噪声,如图9-4-38所示。

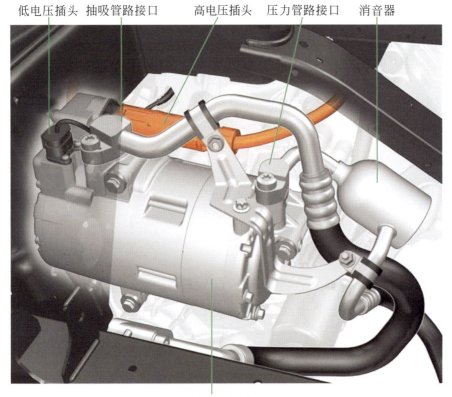

图9-4-38 电动空调压缩机的接口

(2)电动空调压缩机的结构

提及电动空调压缩机时指的是整个组件。电动空调压缩机的结构见图9-4-39。

螺旋型内盘由三相交流同步电动机通过一个轴驱动并进行偏心旋转,再通过固定式螺旋型外盘上的两个开口吸入低温低压气态制冷剂,然后通过两个螺旋型盘的移动使制冷剂压缩、变热。

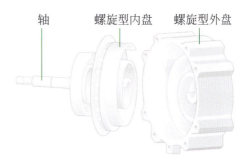

图9-4-39 电动空调压缩机的结构

9.4.7 空调电加热系统

宝马i8的暖风热交换器集成在高温冷却液循环回路内。通过发动机相应受热时，可提供充足加热功率用于进行车内空气调节。由于采用混合动力方案，宝马i8在很多运行模式下产生的余热显著降低，无法将高温冷却液循环回路加热至所需温度。因此宝马i8带有一个电气加热装置。其工作原理与连续加热器相同，接入高温冷却液循环回路内。可通过一个转换阀形成一个独立的暖风循环回路，通过一个电动冷却液泵可使其保持循环状态。电气加热装置是一个高电压组件！

（1）安装位置和接口

电气加热装置位于发动机舱盖下12V蓄电池下方，如图9-4-40所示，电气加热器装置上的接口如图9-4-41所示。

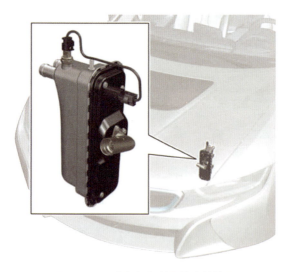

图9-4-40 电气加热装置的安装位置

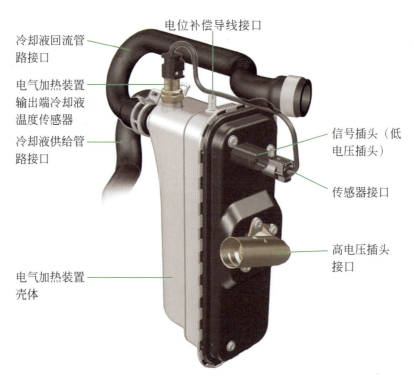

图9-4-41 电气加热装置上的接口

（2）工作原理

如图9-4-42所示，红色箭头表示通过电气加热装置加热的冷却液，橙色箭头表示从暖风热交换器流回的冷却液。冷却液在电气加热装置内加热并通过一个电动冷却液泵循环。经过加热的冷却液流经车内的暖风热交换器并在此将热量传递给流经的空气。冷却液从暖风热交换器处输送给一个电动转换阀并最终重新输送给电气加热装置。满足以下条件时启用该封闭式暖风冷却液循环回路：需要对I12进行预热或高温冷却液循环回路的温度低于所需转换温度且车内温度低于-10℃时；发动机尚未超过所需的1500r/min发动机转速。

电气加热装置剖视图见图9-4-43。

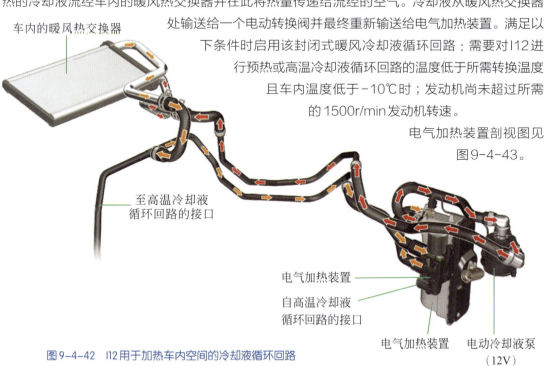

图9-4-42 I12用于加热车内空间的冷却液循环回路

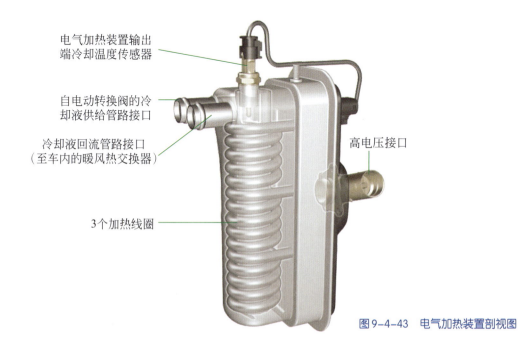

图9-4-43 电气加热装置剖视图

9.4.8 高压启动发电机

（1）安装位置

高压启动发电机安装在I12发动机舱内后部，如图9-4-44所示。

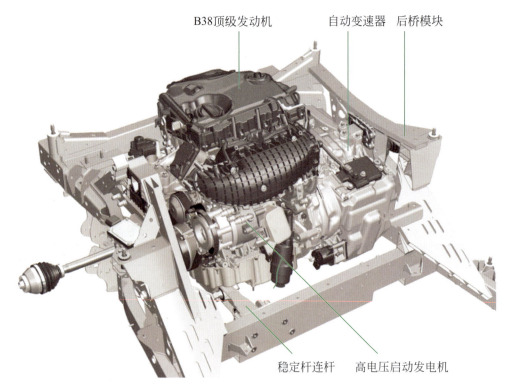

图9-4-44　高压启动发电机的安装位置

（2）结构

高压启动发电机是同步电动机，外观如图9-4-45所示。其基本结构和工作原理与带内转子的永磁激励同步电动机相同。转子位于内部且带有永久磁铁。定子由带铁芯的三相绕组构成，以环形方式布置在转子外围。如果在定子绕组上施加三相交流电压，所产生的旋转磁场（在电动机运行模式下）就会"带动"转子内的磁铁。在发电机运行模式下，转动的转子产生变化的磁场，从而在定子绕组内产生交流电压。

高压启动发电机设计用于较大温度范围。为了防止高压启动发电机温度过高，将其接入低温冷却液循环回路内。在不利条件下，壳体最高温度约达95℃。

（3）外部接口和驱动装置

如图9-4-46所示，高压启动发电机以轴平行于曲轴方式固定在B38顶级发动机上并集成在附属总成皮带传动机构内。高压启动发电机通过两个螺栓固定在发动机附属总成支架上。为在电动机和发电机运行模式下均确保正确皮带张紧力，使用了一个自动摆动式皮带张紧器。它直接固定在高压启动发电机上。高压启动发电机的皮带承受的张紧力高于传统皮带传动机构。

图 9-4-45　高压启动发电机外观

图 9-4-46　高压启动发电机的固定方式和皮带传动机构

如图 9-4-47 所示,高电压接口采用 3 相交流电压接口设计。相关高电压插头通过两个螺栓与接口固定并带有极性接错保护功能。高压启动发电机上的高电压插头不是高电压触点监控电路的组成部分。就是说拔出高电压插头后高压启动发电机也能产生高电压。必须避免拔出高电压插头后驱动高压启动发电机,因为即使在此情况下高压启动发电机也能产生危险的高电压。

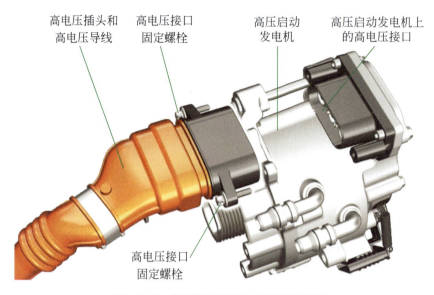

图9-4-47 高压启动发电机上的高电压接口

（4）增程电动机电子装置（REME）

增程电动机电子装置REME是一个高电压装置，它的主要任务是控制高压启动发电机。它将高压蓄电池的直流电压转换为用于控制高压启动发电机的三相交流电压（最高约为430V）。在此最高电流约为150A。反之，高压启动发电机作为发电机运行时，增程电动机电子装置将高压启动发电机的三相交流电压转换为直流电压，从而为高压蓄电池提供充电能量。

宝马i8的整个增程电动机电子装置位于一个铝合金壳体内，安装在后部一个与行李厢隔开的区域内。在该壳体内装有控制单元和双向DC/AC转换器，如图9-4-48所示。

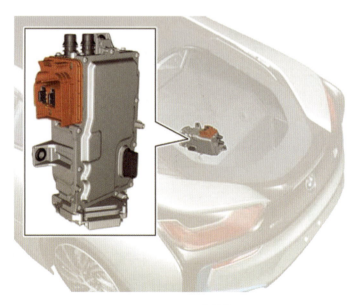

图9-4-48 REME安装位置

REME 装置的接口如图9-4-49所示。

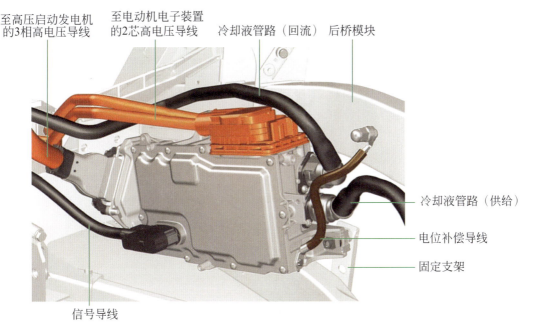

图9-4-49　REME上的接口及管路/导线

为了获得更好的概览效果,以不带导线方式展示了REME上的接口,如图9-4-50所示。REME上的高压导线的连接如图9-4-51所示。

图9-4-50　REME上的接口(不带连接导线)

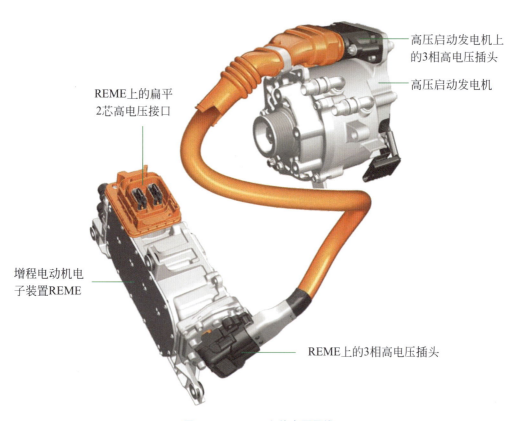

图9-4-51 REME上的高压导线

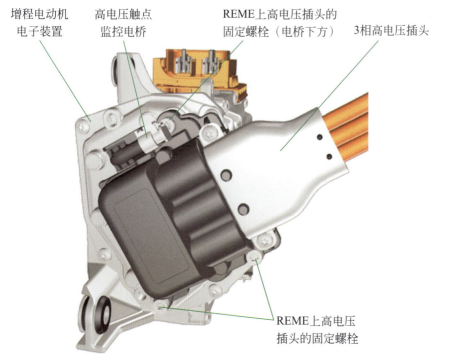

松开REME上的3相高电压插头时，必须松开如图9-4-52中所示的三个螺栓。

三个螺栓中的两个易于接触和松开。松开第三个螺栓时必须先取下高电压触点监控电桥，之后才能看到并松开第三个螺栓。断开高电压触点监控电桥可确保高电压系统在任何情况下均断电。

图9-4-52 REME上的3相高电压插头

9.4.9　12V低压供电系统

宝马I812V低压供电系统由一个40A·h的铅酸蓄电池供应。12V蓄电池不再负责启动发动机。它只需确保启动高电压系统。对12V蓄电池的要求不再是确保发动机启动的最低充电状态，而是在零下温度时防止12V蓄电池结冰以及确保高电压网络启动的最低充电状态。

12V蓄电池的充电是由高压蓄电池通过DC/DC转换器进行。见图9-4-53。

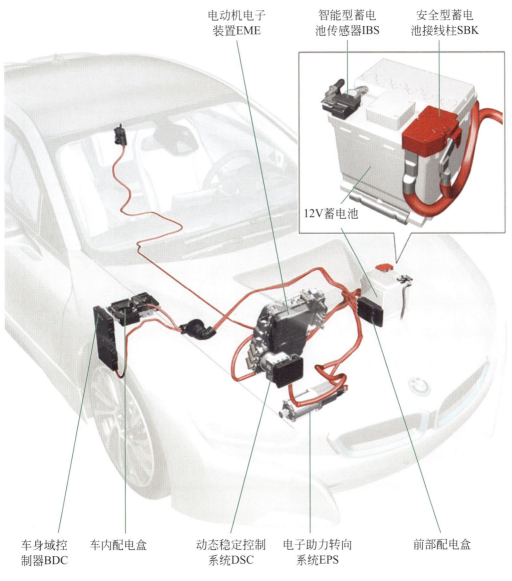

图9-4-53　12V供电预览

在车内配电盒内装有以下继电器：两个总线端30B继电器、总线端15N继电器、总线端30F继电器（焊接在配电盒内）。由BDC控制所有继电器。在BDC内还有一个总线端30F继电器。如图9-4-54所示。

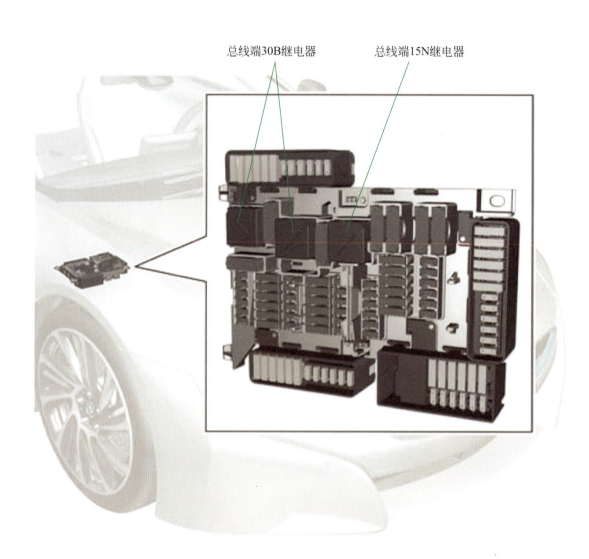

图9-4-54　车内配电盒

9.5 宝马i3增程电动车

9.5.1 概述

宝马i3也被称作MegaCity车型，是宝马公司推出的一款小型纯电动汽车，分为纯电动款和增程款。新升级的纯电动款可以提供200km的续航里程，增程款最高续航可达330km。增程款搭载了一台小尺寸的静音双缸发动机（增程发动机），用于驱动增程发电机，为高压蓄电池充电。发电机同时也作为双缸发动机的起动机，在必要的情况下可以启动增程发动机，为蓄电池充电，确保电池电量恒定。

增程发动机和增程发电机不直接参与动力传递。

宝马i3增程款电动汽车组成如图9-5-1所示，动力传递路线如图9-5-2所示。

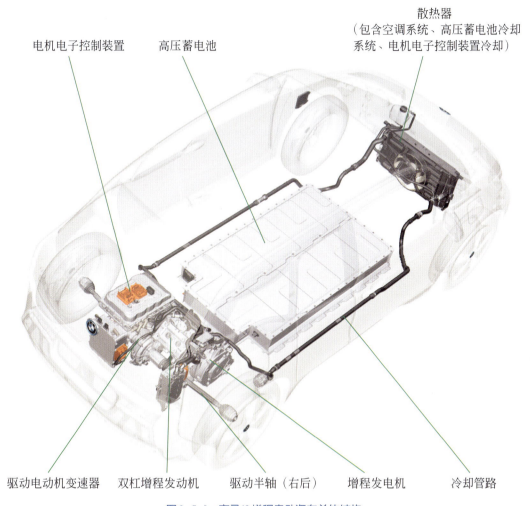

图9-5-1 宝马i3增程电动汽车总体结构

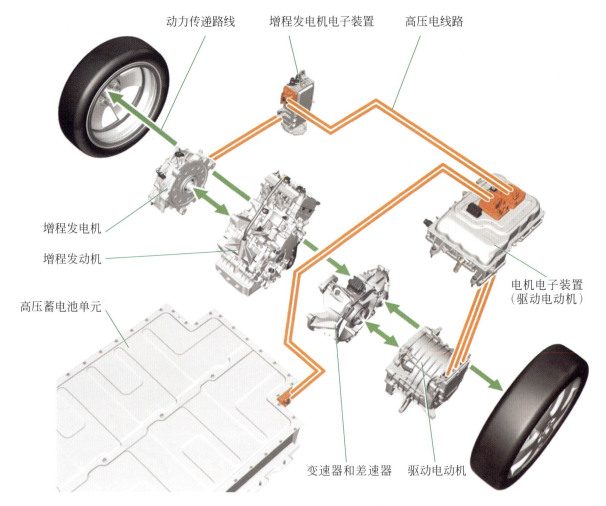

图9-5-2 宝马i3增程电动车动力传递路线

9.5.2 动力电机及增程系统

（1）驱动电动机和变速器

驱动电动机安装位置如图9-5-3所示，变速器机半轴安装示意如图9-5-4所示，变速器外观和内部结构如图9-5-5所示。

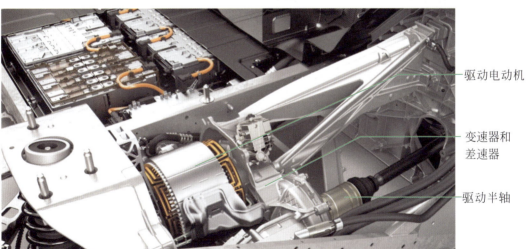

图 9-5-3　驱动电动机和变速器安装位置

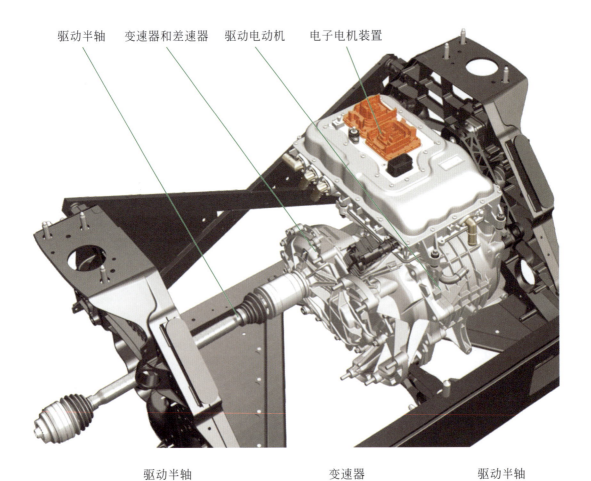

图9-5-4 变速器安装位置

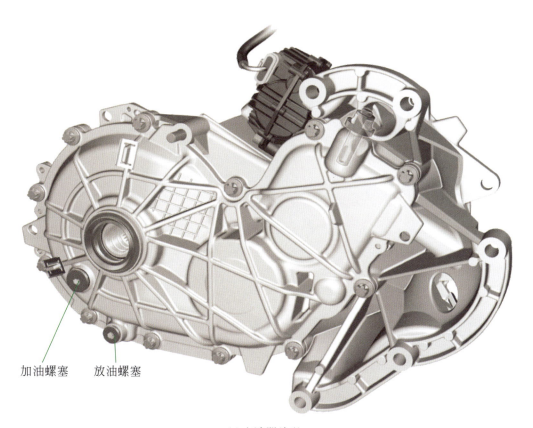

(a) 变速器外观

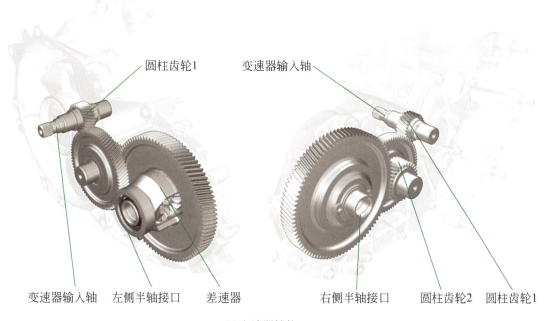

(b) 变速器结构

图 9-5-5　变速器外观及结构

（2）增程发动机和增程发电机

增程发动机和增程发电机的安装位置如图9-5-6所示，增程发动机外观如图9-5-7所示，增程发动机气缸体和气缸盖结构如图9-5-8所示，增程发动机气门组件如图9-5-9所示，增程发动机润滑系统如图9-5-10所示，增程电机的安装位置及外观结构如图9-5-11所示。

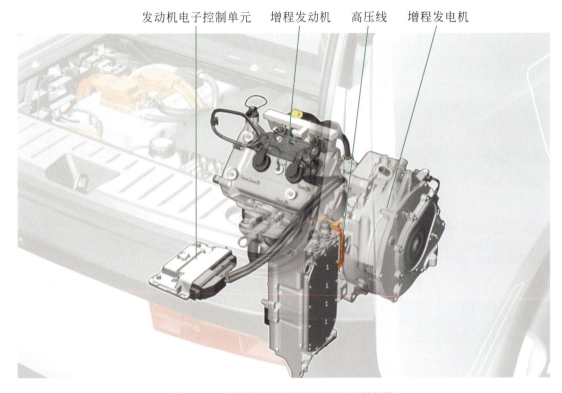

图9-5-6　增程发动机和增程发电机安装位置

图9-5-7　增程发动机外观

增程装置任务如下。
① 自动启动，必要时自动启动增程发动机。
② 高压蓄电池电量不足时启动，并充电。
③ 延长续航里程。
④ 保持高压蓄电池的充电状态。

增程发动机参数如下。
① 发动机排量：0.6L。
② 气缸形式：直列。
③ 最大功率及对应转速：25kW/（4300r/min）。
④ 最大转矩及对应转速：55N·m/（4300r/min）。

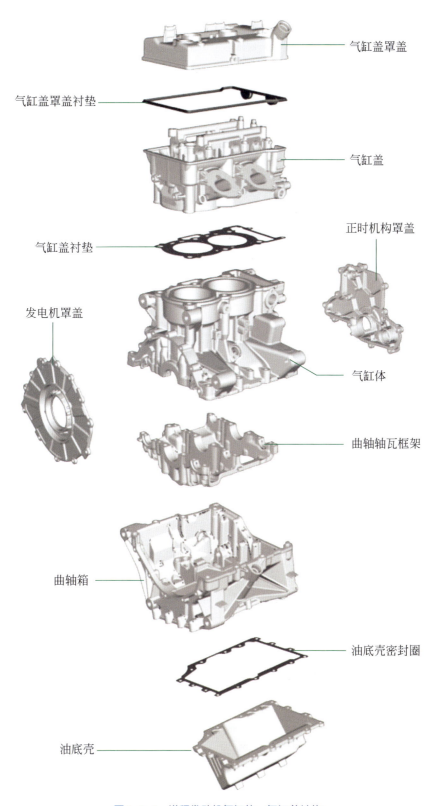

图9-5-8 增程发动机气缸体、气缸盖结构

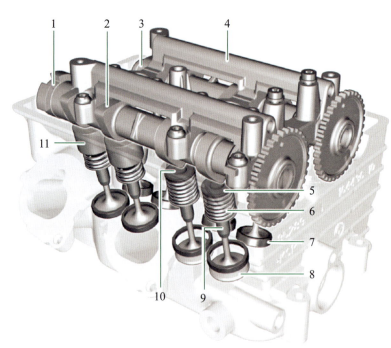

1—凸轮轴位置传感器信号轮；
2—进气凸轮轴；
3—排气凸轮轴；
4—凸轮轴轴承桥架；
5—气门弹簧座；
6—气门弹簧；
7—气门座；
8—气门；
9—气门导管；
10—气门锁片；
11—液压挺柱

图9-5-9　增程发动机气门组结构

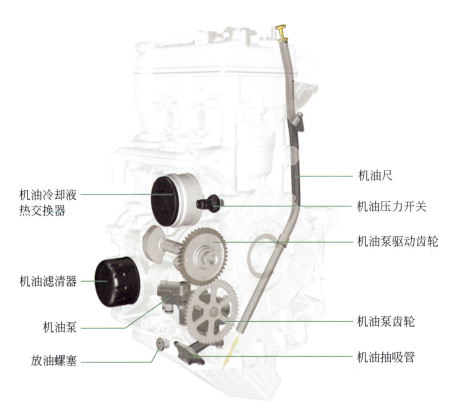

图9-5-10　增程发动机润滑系统

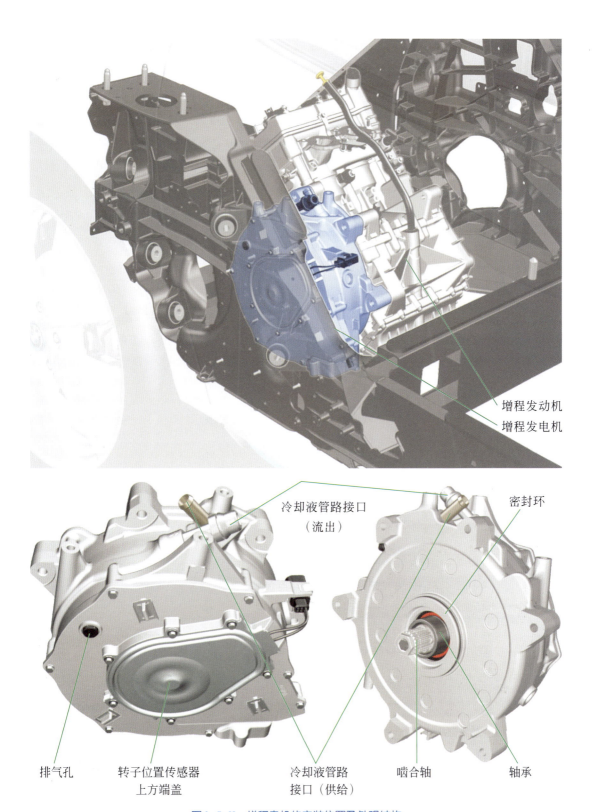

图 9-5-11 增程电机的安装位置及外观结构

（3）高压蓄电池

高压蓄电池的安装位置如图9-5-12所示，外观结构如图9-5-13所示，蓄电池冷却系统如图9-5-14所示。高压蓄电池共由8个电池模块组成。电池模块由12个锂离子单体电池串联构成，每个单体电池均为3.75V。这样就构成了额定电压为360V的高压蓄电池。

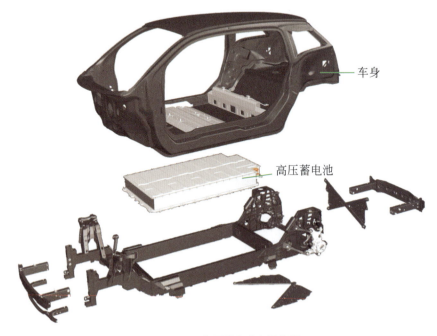

图9-5-12　高压蓄电池安装位置

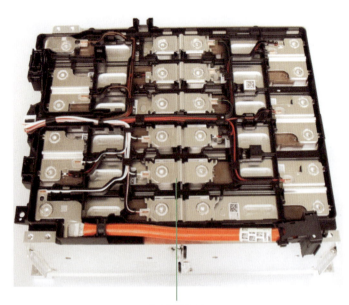

图9-5-13　高压蓄电池外观结构

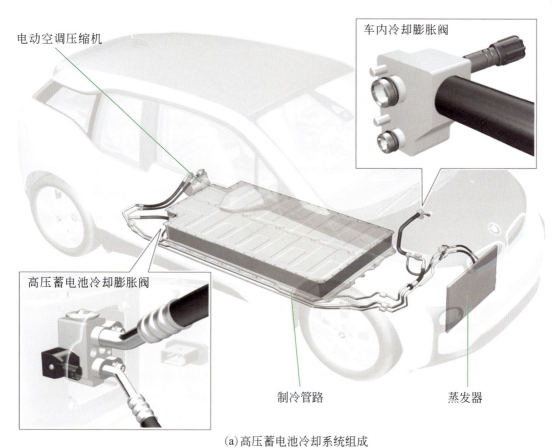

(a) 高压蓄电池冷却系统组成

(b) 高压蓄电池冷却管路

图 9-5-14　高压蓄电池冷却系统

(4）电动空调系统

电动空调系统管路如图9-5-15所示，电动空调压缩机安装位置及外围管路如图9-5-16所示，电气加热组件安装位置、外围接口和内部结构如图9-5-17所示。

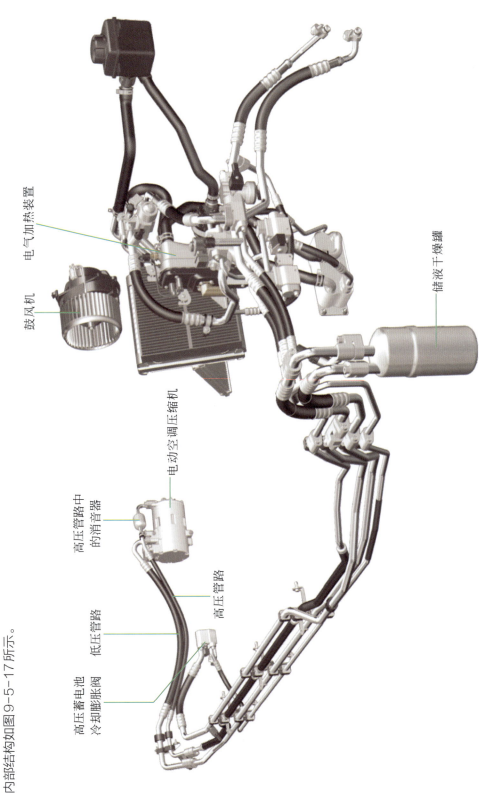

图9-5-15 电动空调系统管路

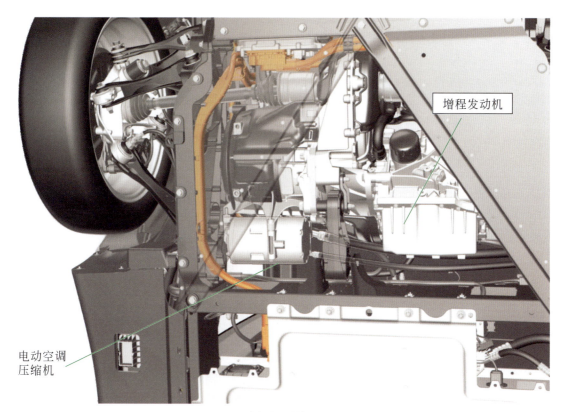

(a)电动空调压缩机安装位置

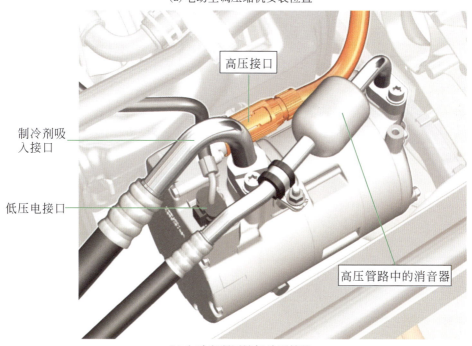

(b)电动空调压缩机外围管路

图9-5-16 电动空调压缩机安装位置及外围管路

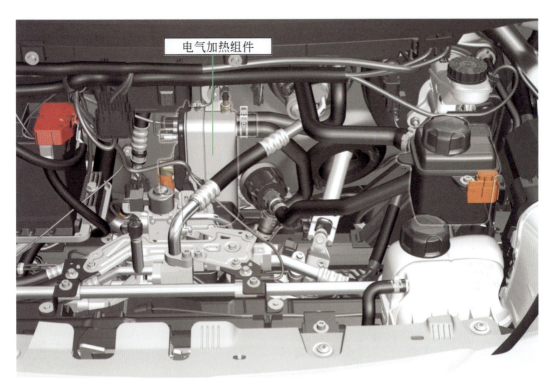

(a) 电气加热组件安装位置

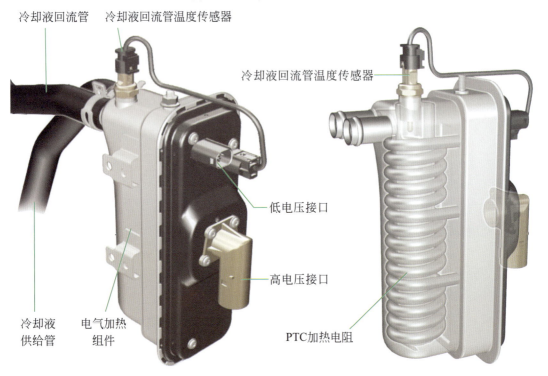

(b) 电气加热装置外围接口及内部结构

图 9-5-17　电气加热组件安装位置、外围接口和内部结构

9.6 宝马F18 530Le混合动力汽车

9.6.1 概述

宝马530Le是第七款搭载混合动力技术的量产汽车,它首次将宝马4缸汽油发动机与电动驱动装置组合,开发序列代号为F18PHEV,以宝马5系加长型四门车525Li(F18)为基础。

宝马530Le是一款采用锂离子高压蓄电池的全混合动力车辆,可用家用插座充电。

宝马530Le的驱动系统由一个搭载涡轮增压技术的4缸汽油发动机(N20B20M0)、一个8挡自动变速箱(GA8P75Hz)和一个电动机组成。

宝马530Le百公里加速用时7.1s,平均耗油量降低到百公里2.0L。

宝马530Le的电驱动装置可以进行纯电动行驶,因此能实现零排放,最高车速为120km/h,最大电动续驶里程为58km。此外,在交通信号灯前停车或堵车时,混合动力汽车专用的发动机自动启停功能可以关闭发动机,从而进一步节省能耗。

9.6.2 驱动系统组件

(1)驱动电动机

电动机、辅助扭转减振器和分离离合器固定集成在了8速变速箱壳体中。这些组件位于双质飞轮后面。电动机、扭转减振器和分离离合器连同双质飞轮一起共同占据了液压变矩器的安装空间。

F18PHEV中的混合动力系统采用了并联式混合动力系统。发动机和电动机均与驱动轮机械连接。车辆驱动时,两个驱动系统既能单独使用也能同时使用。电动机安装位置和辅助组件如图9-6-1所示,电动机剖视图及转子和定子如图9-6-2所示,电动机外部接口如图9-6-3所示,电动机高压接口如图9-6-4所示,电动机传感器安装位置图如图9-6-5所示。

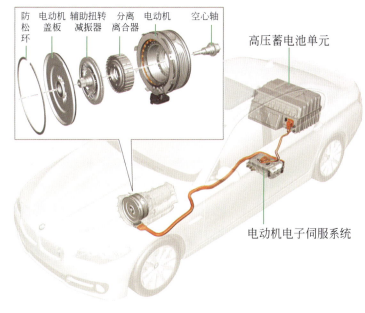

图9-6-1 电动机的安装位置和辅助组件

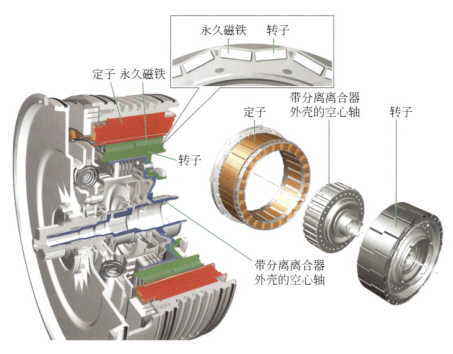

图9-6-2 电动机剖视图及转子和定子

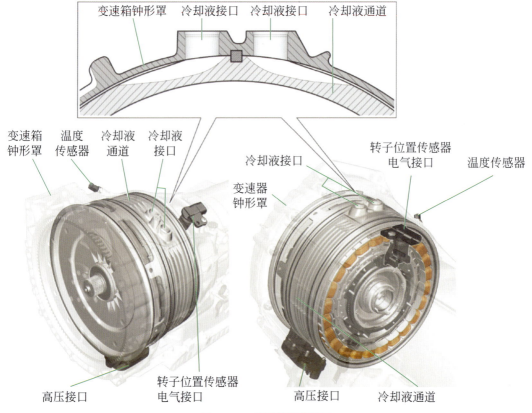

图9-6-3 电动机外部接口

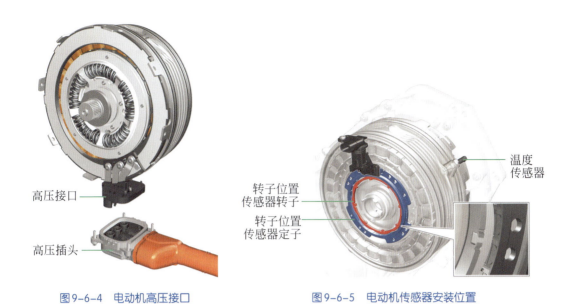

图 9-6-4　电动机高压接口　　　　　　　图 9-6-5　电动机传感器安装位置

发动机也通过一个分离离合器与电动机和传动系统的其余部分断开。在 F18 PHEV 中，这个分离离合器布置在辅助扭转减振器和电动机之间，如图 9-6-6 所示。

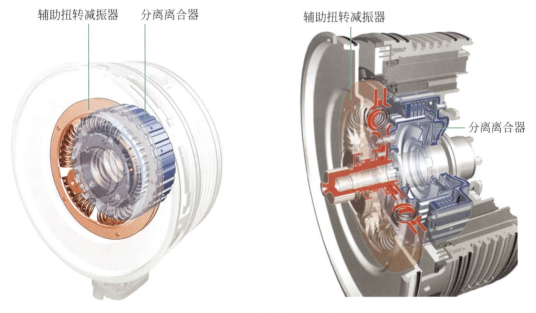

图 9-6-6　变速箱的分离离合器

分离离合器固定集成到电动机壳体中。为开放结构的湿式多片离合器，因此优化了摩擦损耗。

为了在任何情况下都能确保电动机的温度可靠性，在 F18PHEV 中使用冷却液冷却电动机。为了达到此目的，电动机连接在发动机的冷却液循环中，如图 9-6-7 所示。

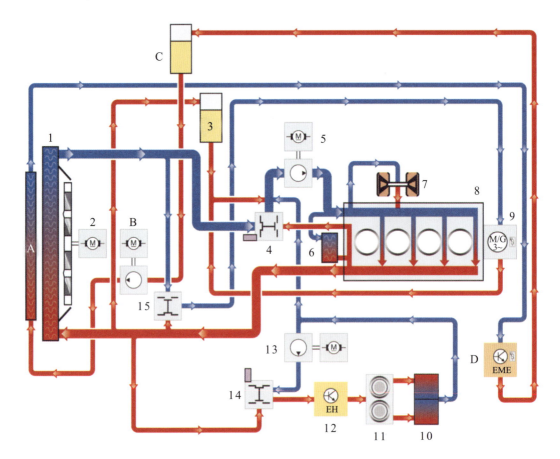

图9-6-7 发动机和电动机的冷却液循环

A—冷却液-空气热交换器（电动机-电子伺控系统的冷却液循环）；B—电动冷却液泵（电动机-电子伺控系统的冷却液循环，80W）；C—冷却液热膨胀平衡罐（电动机-电子伺控系统的冷却液循环）；D—电动机-电子伺控系统EME；1—冷却液-空气热交换器（发动机和电动机的冷却液循环）；2—电动风扇；3—冷却液热膨胀平衡罐（发动机和电动机的冷却液循环）；4—特性曲线节温器；5—电动冷却液泵（发动机和电动机的冷却液循环，400W）；6—发动机油冷却器；7—废气涡轮增压器；8—发动机；9—电动机；10—暖风热交换器；11—双水阀；12—电加热装置；13—加热循环回路的电动冷却液泵；14—电动转换阀；15—电动机节温器

为了冷却定子绕组，在定子支架和自动变速箱壳体之间有一个冷却通道，冷却液通过该通道从发动机冷却回路中流出。冷却通道分别通过两个密封环向前和向后密封。

（2）混合动力变速器

ZF公司的GA8P75HZ 8挡自动变速器，为了满足插电式混合动力车型的要求对变速箱进行了调整，更换了部分组件。如使用电动力代替了原有的液力变矩器，同时采用了电动辅助油泵。电动机的安装及辅助组件剖视图如图9-6-8所示，变速器总体结构剖视图如图9-6-9所示。

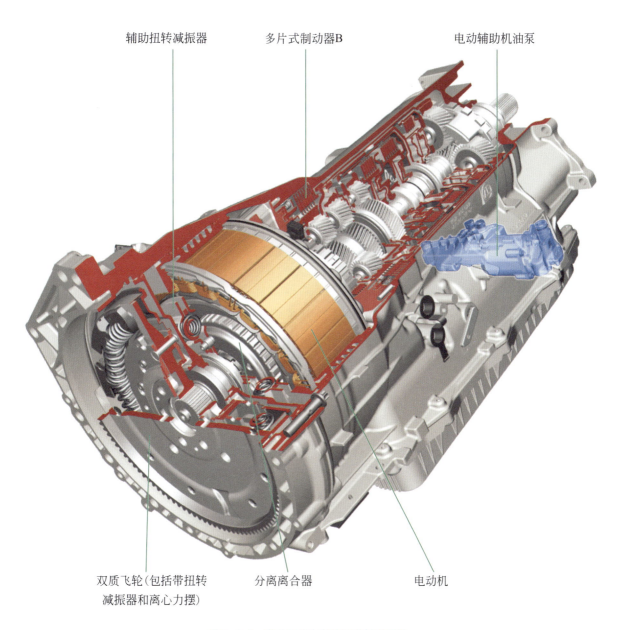

图 9-6-8 电动机的安装位置和辅助组件

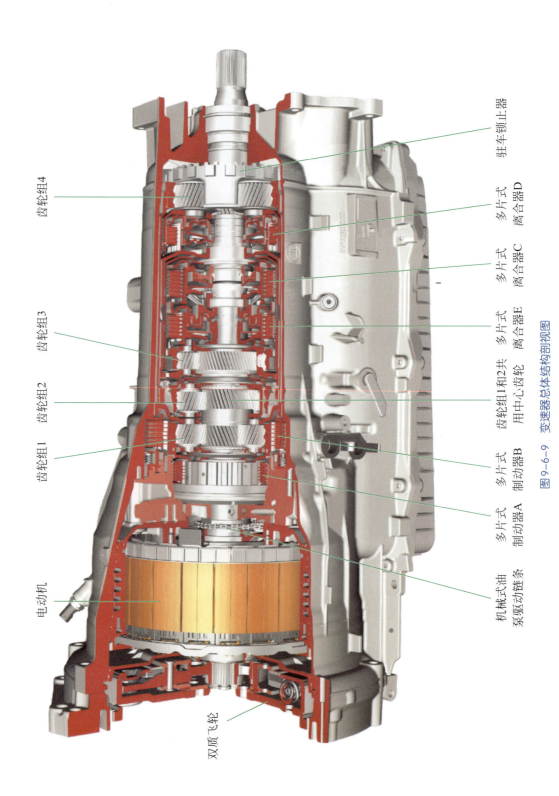

图9-6-9 变速器总体结构剖视图

9.6.3 高压蓄电池

高压蓄电池由96个电压为3.7V的单格锂离子电池组成，额定电压为363V，安装在行李厢内后排座椅的后面。高压蓄电池的冷却由单独的电动冷却液泵和整车空调系统组成。电动冷却液泵的功率为50W，它用一个支架固定在冷却装置上，位于行李厢凹槽右边。电动冷却液泵安装位置如图9-6-10，整车空调系统组成如图9-6-11所示。

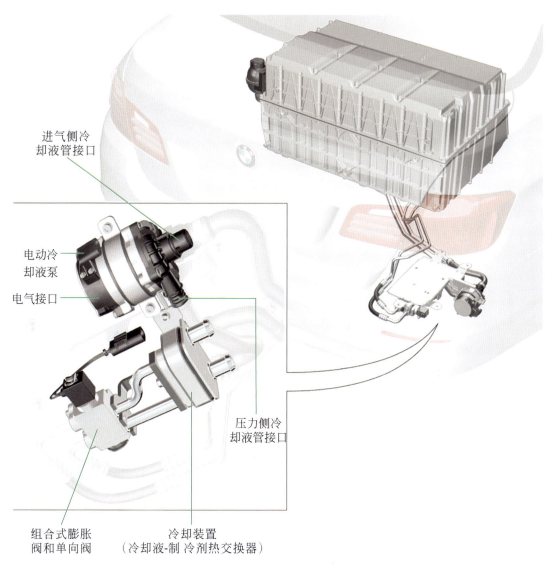

图9-6-10　高压蓄电池及电动冷却液泵安装位置

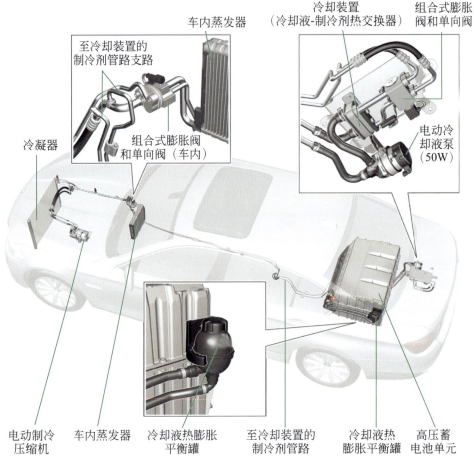

图9-6-11 整车空调系统概览

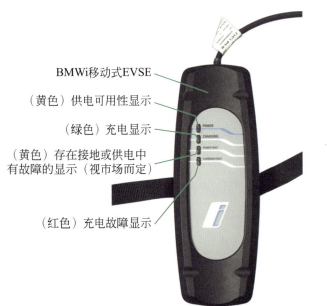

电池电子管理系统根据需要借助一个按脉冲宽度调制的信号控制电动冷却液泵。通过行李厢配电盒的端子30B进行供电。

移动充电设备及连接充电电缆接头分别如图9-6-12和图9-6-13所示。

图9-6-12 供移动使用的EVSE

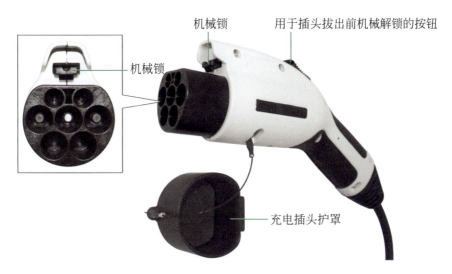

图 9-6-13　连接车辆的充电电缆插头

9.6.4　电动空调系统

电动空调系统组成如图 9-6-14 所示，电动空调压缩机及管路连接如图 9-6-15 所示。

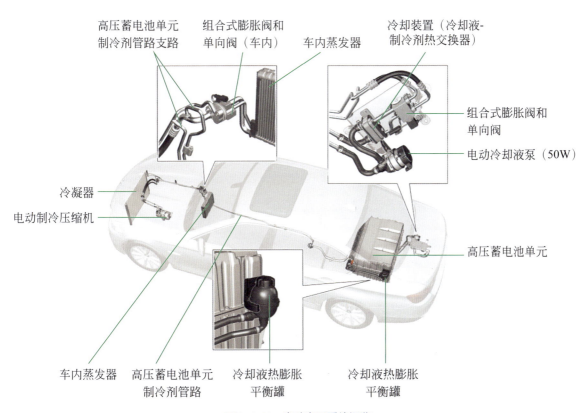

图 9-6-14　电动空调系统概览

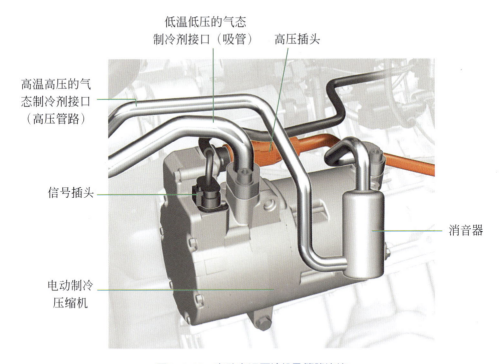

图 9-6-15　电动空调压缩机及管路连接

　　IHKA控制单元探测和计算是否需要和需要多少冷却功率的请求。车内冷却请求一方面可能直接来自客户；另一方面，SEM控制单元也可能以总线信息的形式向IHKA控制单元发送一个高压蓄电池冷却请求。IHKA控制单元协调这些冷却请求并通过LIN总线控制电动制冷压缩机。冷却请求的优先顺序取决于温度，例如车外温度高且车内强烈受热时，就请求一个高优先级的较大的冷却功率。达到所需温度后，降低冷却功率并维持该温度，优先级调低。单格电池温度的情况与之相似。单格电池升温到约30℃时，就已开始冷却高压蓄电池。由SME控制单元提出的冷却请求此时优先性还较低，可能被高压电源管理系统拒绝。单格电池温度更高时，高压蓄电池的冷却请求获得最高优先级并且一定会被执行。售后服务人员在高压组件上操作前，必须通过运用安全规定而切断高压系统。之后所有高压组件都无电压，可安全地进行操作。

　　针对售后服务人员忘记正常切断高压系统的情况，另外准备了一个安全措施，可使高压系统自动断开。除了高电压触点，在高压插头中还集成了一个桥形触点。首先执行高压插头中的桥形触点接触，即拔下高压插头后首先会断开高压电桥的触点。EKK控制单元的供电因此断开，这导致高压插头完全拔下前高压侧的功率请求接近零。这样确保在高压触点上不会产生电弧。高压触点带防接触保护功能。电动制冷压缩机的高压插头不是高压触点监测电路的一部分。压缩机的功能原理与F30H中或F01H中使用的压缩机原理一致。使用螺旋式压缩机（也称为涡流式）压缩制冷剂。电动制冷压缩机的电功率约为5kW。EKK的高电压处于288～400V的电压范围内。如果电压高于或低于这个范围，就会降低功率或断开EKK。